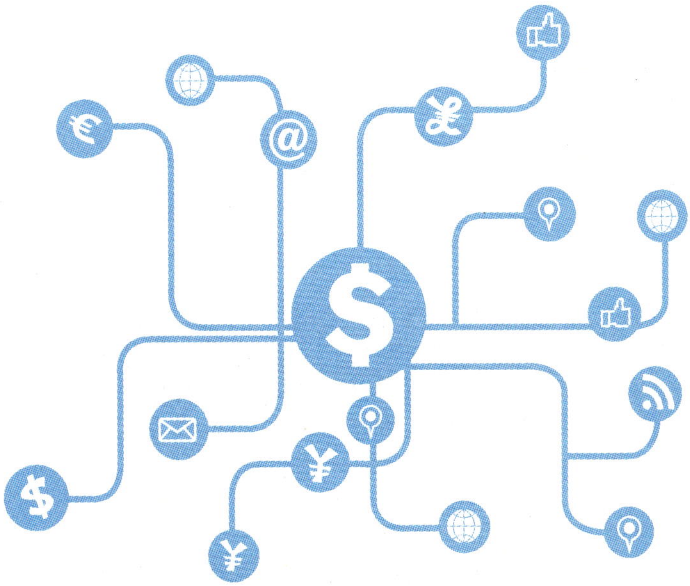

互联网初创企业
融资密码

章 龙 谢利明◎著

人 民 邮 电 出 版 社
北 京

图书在版编目（CIP）数据

互联网初创企业融资密码 / 章龙，谢利明著. -- 北京 : 人民邮电出版社，2017.6
ISBN 978-7-115-45493-5

Ⅰ. ①互… Ⅱ. ①章… ②谢… Ⅲ. ①互联网络—应用—企业融资—研究 Ⅳ. ①F276.3-39

中国版本图书馆CIP数据核字(2017)第070022号

内 容 提 要

本书分析了初创企业的创业之难，探讨了决定初创企业能否成功融资的“生死问题”，从融钱、融物、融人、找资金、找投资、找投资人等多个角度，帮助初创企业在融资前进行理性分析，提出融资的基本原则和注意事项，通过对内源融资、直接融资、网络众筹、网络众创、网络融资、项目融资、风头融资、股权融资、上市融资的详解，引导初创企业循序渐进地破译融资密码，寻找适合企业的融资方式。本书适合投资人与企业股东、董事长、总裁、总经理等企业高层决策管理者，以及企业战略规划总监、财务总监等相关企业部门负责人阅读。

◆ 著　　章　龙　谢利明
责任编辑　赵　娟
责任印制　彭志环

◆ 人民邮电出版社出版发行　北京市丰台区成寿寺路 11 号
邮编 100164　电子邮件 315@ptpress.com.cn
网址 http://www.ptpress.com.cn
北京鑫丰华彩印有限公司印刷

◆ 开本：700×1000 1/16
印张：12.5　2017 年 6 月第 1 版
字数：166 千字　2017 年 6 月北京第 1 次印刷

定价：48.00 元

读者服务热线：(010)81055488　印装质量热线：(010)81055316
反盗版热线：(010)81055315
广告经营许可证：京东工商广登字 20170147 号

推荐序

融资从来就不是一场简单的游戏

几乎所有初创企业都想知道，这个世界会不会太坏？创业环境是不是太恶劣？融资是不是太难？且不论答案是好是坏，创业是成是败，融资始终是创业者的头等大事。

互联网领域的初创企业有着壁垒低、成本低、成长快等诸多先天优势，通过互联网创业的成本也愈来愈低，尤其适合没有太多原始资本积累的创业者，这也是为什么互联网创业的热潮似乎从未停止。

即便如此，对所有在创业初期的互联网初创企业来说，资金仍是一道高高的难以逾越的门槛，将众多创业者拒之门外。当世界经济风雨飘摇，不管你是学院派还是实力派，所有乐观的前提是“有钱”，多一点悲观的危机感总没有错。

毕竟，没人能确定暖春的号角何时吹响。如果没有足够的资金让你运筹帷幄，即使知更鸟来报春，等待你的也不会是天堂，而是地狱。待到那时，恐怕你只能眼看着自己辛辛苦苦建立起来的企业从繁荣的金字塔尖痛心地滚落也于事无补，更别提做一家“百年基业”的企业。要知道，然而连 IBM 这样的世界企业巨头都不敢喊“基业长青”的口号。踏上通往成功的路，就像一场充满冒险的游戏，有无数荆棘和陷阱。

想要越过前方的重重障碍，勇敢无畏地进击，首先你要活下来，先生存，再发展！

“成功融资的企业原因都颇为相似，而被拒绝的理由却有千千万。”

“可以肯定的是，投资者的到来只会为创业企业锦上添花，至于会不会雪中送炭则是个未知数。”

“投资人既不是神，也不是活雷锋，更不是救世主。”

这是《互联网初创企业融资密码》这本书带给我最深刻的思考。

资本市场是理性的，利润和回报就是最高的话语权。

不理性的是还没弄懂如何选择融资渠道，降低融资成本，提高融资效率，减少企业融资风险及负债，就盲目融资、坐等天上掉馅饼的互联网初创企业的创业者们。他们以为自己身处“大众创业，万众创新”的时代浪潮，凭借先天自带光环的互联网基因，披上创意十足的外衣，就有了打怪升级的资本，成为时代的“弄潮儿”。

当然，你也可能听说过 3 分钟打动投资人等各种神奇的融资故事。

这样听上去充满神奇色彩的案例确实存在。但是，脚踏实地地掌握融资方法比满心期待小概率事件发生在你头上好得多。

互联网企业为什么是吃钱大户？

资本为什么青睐互联网初创企业？

初创企业融资的难点与重点是什么？

……

令我倍感欣慰的是，本书从融钱、融物、融人、找投资人、找资金、找投资等多个角度，帮助初创企业理性分析，同时循序渐进地引导初创企业破译融资密码，寻找适合企业的最佳融资方式。没有半句废话，都是干货！

我国知名经济学家周其仁提出了“斜坡理论”，认为经济周期一旦到来，企业将不再在地平线上，而是在斜坡上。

唯有那些先知先觉的企业，才能够在企业跌至斜坡时，提前安装加速器，才有继续爬坡的动力。真正的寒冬来临时，无论身处地平线还是斜坡，也能凭借深厚的积累在一片肃杀中绽放出一道旖旎多彩的虹！

暨南大学创新与创业学院常务副院长

汤胤

序言

互联网初创企业如何度过“严冬”

世界各国的初创企业都存在融资难问题，我国尤甚，这有一定的历史原因。在计划经济时代，我国银行的作用相对单一，作为国家管理经济的工具之一，大众对银行的要求只局限在“爱国储蓄”上，始终没有发挥其支付作用。

直到 20 世纪 90 年代，这时，尽管人们可以从银行办理开具支票的业务，但由于我国尚未建立起个人信用系统，敢接受支票的人并不多。因此，这一阶段也转瞬即逝，直接迈向了借记卡 / 信用卡时代。由于银行服务的效率不高以及我国互联网技术的普及发展，这就给“互联网 + 金融”的发展留下了巨大的空间。

如今，市场经济不完善、银行欠缺服务意识、经营机制不健全，以至于我国信贷资源配置效率低下、融资体系不发达、融资者与投资者之间缺乏链接的通道，最终造成资本市场资金多，初创企业却面临融资成本高、融资困难的局面。

众所周知，互联网是个“烧钱”的行业，加上融资困难等主客观因素，这似乎令互联网初创企业进入了资本“严冬”。

但马云也有一句很流行又很有道理的话——世界上没有赚不到的钱，世界上也没有难赚的钱。

在这个风起云涌的时代，若能选对行业用对劲，创业就是一场精彩的博弈，而非苦苦的挣扎。选择在互联网领域创业，目前来看就是用对了劲，找对了方向。未来与互联网无关的行业，都容易面临被淘汰的命运。

“融资”可谓贯穿企业经营始终的头等大事，却总是让人又爱又恨，让创业者在冰火两重天中饱受煎熬。

然而，现实的资本世界是很残酷的。它残酷到可以刺痛初创企业的神经，让创业者还没起步就开始走下坡路。

因此，对于大多数互联网创业企业而言，发展的最大瓶颈就是“缺钱”。

遗憾的是，很多初创企业的创业者并没有融资的具体概念和计划。有的创业者在现金流充裕时想不起要融资，一旦企业缺钱就乱了手脚。

在中国经济改革史上，大大小小的企业一直在利用改革的杠杆，他们在起起伏伏中推动着中国经济发展。

我们不能否认，许多初创企业一开始很“野蛮”。似乎创业者只要胆子够大，敢于率先打破常规，就能随手播种希望的种子，培育成利润的参天大树。

从某种程度而言，“野蛮”是初创企业最快、最便利的生存方式，然而却不是最好的生存方式。一旦企业遭遇危机，野蛮就可能被瞬间瓦解，令发展本不牢靠的初创企业变得不堪一击。

可见，若是忽视融资，靠着自身的力量无法野蛮生长。起初，创业企业或许是走了一条看似最容易走的路，吃了一个苹果中最好吃的部分。但最容易走的路、最好吃的部分，也只是巨大的财富金字塔的冰山一角。

我国从来不缺少出类拔萃的创业企业，但最终真正成长壮大为大企业并走向世界、迈向卓越的初创企业却是凤毛麟角。

以低价换市场的好日子不复存在，做什么都赚钱的豪气时代也一去不返，生存难、融资难是所有初创企业面临的窘境。

尽管种种原因造成了企业融资难的困境。但为何有些初创企业依然能快速成长，而有的企业却举步维艰？

关键就在于你的企业是否顺利地融到了实实在在的钱。

不要说你的企业起步时并不缺钱且运行良好，没必要去融资。但凡世界知名企业，几乎都是通过融资实现规模扩张与裂变，度过了资本“严冬”，迅速跨入世界级大企业的行列，迎来发展的春天。

值得庆幸的是，如今我国的融资模式早已不再是单一的银行贷款，越来越多的融资渠道为互联网初创企业融资增加了有利的筹码。

当然，融资不是坐等“天上掉馅饼”，投资人的钱也不是“大风刮来的”，无论哪一种融资方式都各有利弊，更不是融资越多越好。对初创企业而言，应该多元化地选择融资渠道，巧妙地将多种融资工具组合在一起加以利用，才能最大限度地降低融资成本，提高融资效率，有效减少企业的融资风险及负债。

回归到资本，资本没有民族性，没有国界，唯有逐利性。

初创企业怎样才能利用资本轻松融资，用别人的钱滚大自己的雪球？如何拿起别人手中的砖头，叩开自己成功的大门？如何享受“互联网 +”时代的融资盛宴，以裂变式的速度发展？

即便你是互联网初创企业，带着与生俱来的互联网基因，但在团队建立初期几乎还是什么都会缺，在这种惨烈情形下，就不能再按照正常的企业发展模式来经营。

尤其是“三无企业（无背景、无学历、无经验）”，就像从繁华的都市来到一无所有的荒岛求生的人，这时候，活下去才是最重要的。

本书便是一本能够帮助初创企业更好地活下去的“求生指南”。

全书共分为 3 个部分，PART1 分析了初创企业的创业之难，探讨了决定初创企业能否成功融资的“生死问题”；PART2 分别从融钱、融物、融人、找投资人、找资金、找投资等多个角度，帮助初创企业在融资前进行理性分析，并提出融资前的基本原则和注意事项，令初创企业做好万全准备；PART3 通过对网络众筹、网络众创、网络融资、内源融资、直接融资、项目融资、风投融资、股权融资、上市融资的详解，引导初创企业循序渐进地破译融资密码，最终寻找适合企业的融资方式。

总之，荒岛求生存，有鱼就去捕，有野果就去摘，下雨了就去打伞，冷了就想办法生火，鞋子破了就赶紧去修补。唯有如此，互联网初创企业才有可能在竞争中存活，置之死地而后生，从而有力量去撬动更有吸引力的资本世界，曼舞其中，要风得风，要雨得雨，哪怕风云突变，也能再续传奇！

目录

PART 1

创业维艰：互联网初创企业融资有多难

即便你是互联网初创企业，带着与生俱来的互联网基因，但在团队建立初期几乎还是会什么都缺，在这种惨烈情形下，就不能再按照正常的企业发展模式来经营。

尤其是“三无企业（无背景、无学历、无经验）”，就像从繁华的都市来到一无所有的荒岛求生，这时候，有饭吃、活下去才是最重要的。

创业维艰，融资困难。

问题1　在冰火两重天的资本市场融资有多难

破局之思——为何初创企业需要在资本市场融资

衡量一个国家的资本市场成熟与否，要看它的服务对象是否包含了不同层次的企业，这其中就包括互联网初创企业。

然而，无论是哪种形式、什么内容的创业，从产品研发到成立企业都需要成本——资金支持，尤其是互联网初创企业还多了许多营销和产品推广的费用，更不用说一些大型商业项目了。

因此，对互联网初创企业的创业者而言，能否高效、快速地融资，是创业能否成功的关键因素。

互联网企业为什么是“烧钱”大户

在中国，创业投资如蓓蕾初绽，刚刚上路。

创业者千千万，每个人都期待在某个转弯的路口遇见惺惺相惜的投资人。

现实往往是“几家欢喜几家愁”，融资者不计其数，成功者寥寥无几，更多的是失败者或半途而废者。

在资本市场上，创业者与投资者的情缘并不像想象中那般，“金风玉露一相逢，便胜却人间无数”，更多的是相遇后便化作“明日黄花”。更有甚者，还会在多次交手后反目成仇，“曾经沧海难为水”，也最终沦为路人甲乙丙丁。

★ 看似“免费”的互联网为何如此“烧钱”

免费是当今互联网行业的潮流，因此有许多企业试图通过免费的形式为企业带来希望。遗憾的是，很多人都忽略了免费的商业本质。

1. 免费的也是最贵的

美国计算机科学家拉尼尔曾在知名科学杂志《连线》中发表论文批判了“互联网的智慧”：“现在没有一种交通工具不是在虚拟现实系统中设计出来的，并且每种交通工具都会先有一个虚拟现实样品，让人们来体验驾驶它们的感受。我认为我们这些人改变了世界，但如果我们不自我批评、不对自己严格要求的话，就是不负责任的。我曾是信息免费的早期倡导者之一，但现在这个理念造成了盗版横行，音乐家、作家和其他艺术家的心血，都变成了免费信息，被任意偷窃、盗版和下载。”

“免费模式”在我国也广为流传，甚至有一本叫《免费》的书专门讨论了这一商业模式。可惜的是，最终作者得出的结论是——免费并不意味着不要钱，免费的往往是最贵的。

国内的大部分互联网公司得益于“免费模式”，如360和QQ。

1999年，马化腾曾经想以100万元把QQ卖给今天的搜狐总裁张朝阳，被拒后瞬间开始“狂奔”。众所周知，360最初是一个免费的“软件管家”，结果却变成了家家户户电脑安全管理系统的标配产品。原因很简单，周鸿祎正是抓住了中国人的消费思维惯性——免费。360最初的产品是免费查杀木马的工具，后来随着用户数的增加，诞生了安全卫士等颠覆行业的免费产品。

2014年8月24日，360公司CEO周鸿祎在京举行了新书《周鸿祎自述：我的互联网方法论》的发布会。这本书一度被业内人士奉为“互联网思维第一宝书”，一上市10万册就销售一空。周鸿祎在新书发布会现场发表了他的见解。他认为，互联网时代，用户至上没有错，但用户参与制造不是一句空洞的标语。唯有精准地找到用户的刚性需求，你的产品才能被用户认可并获得支持，只要符合了这个条件，盈利也只是时间的问题。

360颠覆了传统网络安全的模式。在中国互联网业起步时，“流氓软件”大行其道，普通用户纷纷抓耳挠腮。而从“安全免费”的理念问世后，因为迎合了广大网民的需求，用户数量也随之水涨船高。自此之后，360才有了更大的资本建立起基于免费的互联网安全商业模式。

由于免费，直接干掉了瑞星，更是将江民软件踢出了历史舞台。近几年，就连外来客人卡巴斯基也销声匿迹。金山若不是有WPS支撑，想必也早败了。

2.“烧钱”是为了更好地赚钱

想盈利，先“烧钱”，如今“烧钱”似乎在互联网行业已成为了一种时髦，或者说是必然。但也有不少质疑之声说：为什么一定要“烧钱”呢，难道不“烧钱”就没法做企业吗？

这是因为互联网企业的发展有别于传统企业，传统企业可以慢慢做大，互联网企业则必须通过“烧钱”野蛮生长。

几十年来，传统出租车行业一直在赚钱，直到滴滴出行开始疯狂掠夺市场份额。

众所周知，滴滴出行是互联网行业的衍生品。

2015年，滴滴打车上线3周年，“滴滴打车”正式更名为“滴滴出行”，并启用全新品牌标识。

2015年9月9日，滴滴出行与宇通合作，打造互联网巴士生态。

2016年1月26日，招商银行、滴滴出行联合宣布双方达成战略合作。

2016年6月13日，滴滴获中国人寿6亿美元投资，将在“互联网＋金融”方面展开合作。

据统计，滴滴出行在与快的市场大战中，短短一年内，两家公司“烧”掉了几十亿元。即便一天最多要“烧”掉4000万元，两家公司也要硬碰硬地补贴。结果，其他同期的打车软件相继垮掉。

互联网企业只有先成为行业第一，拥有最多话语权，才能“一举成名天下知”，或许这就是资本的力量！

大多数传统企业都不愿亏本做生意，通过“烧钱”来赚钱的模式简直不可理喻。

然而，对一家互联网企业而言，正是这些亏掉的钱，让滴滴出行变成行业典范，成功上市，估值远远超过传统出租车企业。

在资本眼中，尽管滴滴一直在亏损，但它抢占的市场足够大，迟早有一天能赚回来。短期内的“烧钱”不是问题，而是在竞争中脱颖而出的必要手段，更是拉拢用户的最直接、最有效的手段。如果滴滴前期不通过“烧钱”来抢占市场，很快就会垮掉。

当同一个领域存在多个竞争对手时，如果你不是第一，你没有对手钱多，随时都可能被竞争对手通过资本的力量快速实现“弯道超车”。到那时，要么等着被收购、要么等死，而这也基本意味着你创业失败了！

资本为什么青睐互联网初创企业

要分享未来的“蛋糕”，就要抓住未来的人才，网络经济更是如此——投资人早已看透了这一点。

徐新，今日资本[1]集团创始人。

1999年，徐新在网易“下注”了500万美元，到了2003年，短短4年间，网易公司市值就已经超过了10亿美元。

1999年的网易正面临运营不利的重重危机，无力回天的丁磊正准备把

[1] 今日资本：一家专注于中国市场的国际性投资基金。目前，今日资本独立管理着6.8亿美元的基金，主要来自英国政府基金、世界银行等著名投资机构。

一家刚刚起步的互联网初创企业卖给台湾地区知名的奇摩网站。而徐新对网易公司创始人兼CEO丁磊说："千万不要卖，跟我们走，你既不用丧失控股权，还能上市，奇摩今天是你的10倍，可能明天你是他的10倍，因为中国大陆的市场更大。"后来，网易因为财务危机，股票一度跌至零点几美元。投资方之一霸菱投资公司老总毫不留情地对徐新说："这样的公司还浪费什么精力？"而徐新斩钉截铁地回答："我已经投入了这么多的精力，不能就这样放手，就像自己的孩子有问题，不能轻易放弃一样。"说服霸菱后，网易终于开始实现盈利。丁磊激动地打电话对徐新说："Kathy(徐新英文名)，我终于不是你投资的最差的公司了。"

500万元变10亿元，对当时并不被业界看好的小网络公司的坚信不疑，为徐新带来了巨额收益。与此同时，很多人不解以下这一问题。

★ 为什么一家萌芽中的互联网初创企业能受到资本的青睐

当谈起自己为何会选择网易这样的初创企业来"下注"时，徐新本人这样说道："在欧美，大的行业都被大企业占领了。中国才刚刚开始，现在很多行业还处在跑马圈地的时代，这时候大家的机会是一样的，是创业的好时机。我希望更多的民族品牌崛起。"

1. 比起创业者，投资人的眼光更长远

首先，作为投资人，徐新看到了创业者丁磊身上独有的特质，一个人的信心必定有限，唯有跳跃着一颗民族自信心，才能承担更多的压力，获得更大的成功。

其次，在给企业定价的时候，徐新主要考虑4个因素：**第一是成长速度，第二是市盈率，第三是市场占有率，第四是管理层的质量**。其中，她最看重管理层的质量。她说，首先要看这个股东的目的："我希望这个企业家拿了我们的资金是为发展企业，而不是去套现。"

2. 资本并非青睐企业的躯壳，而是价值

迄今为止，每一家叫得出名字的互联网企业，其背后都站着一个或一

群天使投资人、风险投资机构或战略投资者，以京东为例。

2004 年，京东（当时名为京东商城）正式成立。

2007 年 3 月，京东先后引进了今日资本、美国老虎基金、DST 全球基金、红杉资本、沙特王国投资公司等 PE 投资机构，融资高达近 19 亿美元。

……

2014 年 4 月 2 日，京东集团正式进行分拆，其中包括两个子集团、一家子公司和一个事业部，涉及金融、拍拍及海外业务。

2015 年 1 月 9 日，京东和腾讯以现金和独家资源的形式对易车网投资约 13 亿美元。

2016 年 6 月 8 日，京东首次进入“2016 年 BrandZ 全球最具价值品牌百强榜”，品牌价值同比增长 37% 至 105 亿美元，排名第 99。

值得一提的是，2014—2016 年所有事件发生的前提是，京东账面持续亏损。

很多人不解，为什么京东一直亏损，却从来不缺钱？为什么投资人会偏爱一家连年处于亏损状态的企业？

为什么始终处于亏损的京东却从来不缺钱？原因很简单，因为一直都有源源不断的资本注入。但资本愿意持续为一家亏损的企业注资就有些令人费解了。

从企业的角度而言，这取决于京东本身创造的价值。

在成长的过程中，京东确定了清晰的商业模式，创造了一个巨大的商业结构——依托京东物流体系的整个京东运营系统。在 2016 年世界 500 强名单中，京东给出的数据是在 2015 年亏损了 90 亿元，但却杀入了 500 强榜单中，或许这正是资本对京东青睐有加的重要原因——资本青睐的并非企业的躯壳，而是京东打造的这个结构。在资本眼中，京东亏损的钱迟早有一天会赚回来。

3. 资本垂涎高回报，愿与创业者共进退

互联网作为我国大力倡导的一个创新产业，每天都有人被踢出局，同时也有人不断涌入。高风险往往也意味着高回报，就如当年给马云投资300万美元的软银，在阿里大获成功后获得了巨额回报。

大投资人更愿意成为企业的合伙人，与创业者共担高分险、同享高收益，而不是当低风险、低回报的债主。换言之，资本的钱也不是大风刮来的，他们比谁都懂得钱生钱的道理，他们更愿意用金钱购买项目、创业者的能力或团队，与其共进退。

★ 家有梧桐树，才能引来金凤凰

如今，网络众筹、网络众创、网络贷款等各种依托互联网平台的贷款形式层出不穷，让融资有了更多路径，也让天生带着互联网基因的互联网初创企业看到了新的希望。

爱屋吉屋就是这样一家企业，虽然出身传统房地产行业，却借力资本，用最短的时间成功融资后，在这个行业掀起了一场血雨腥风。

在爱屋吉屋上海总部的露天阳台上，邓薇[2]身着大红色的半身裙与鞋子接受某杂志专访，依旧快人快语："我们花最少时间在融资和产品两件事上，99%的投资人我们都不见，全世界都在Copy我们的APP和网站。"

邓薇曾担任土豆网高级副总裁，后离开土豆参与创办了打车软件大黄蜂[3]，2013年11月大黄蜂并入了快的打车。

2014年3月，邓薇与大黄蜂创始人黎勇劲联合创办了爱屋吉屋，组建成立了中国第一家互联网房地产中介公司。

2014年7月，爱屋吉屋APP正式上线。

2015年5月，爱屋吉屋宣布完成1.2亿美元D轮融资，估值超10亿美元。

[2] 邓薇：爱屋吉屋联合创始人。

[3] 大黄蜂：大黄蜂打车起源于上海，是面向全国用户提供的一款免费的正规出租车打车应用。其已在上海的过万正规出租车上运营，60秒应答率80%以上。经过数轮洗牌，最后与快的打车合并。

巨额资本的介入让爱屋吉屋的生长越来越快：

广告铺天盖地；

佣金价格拦腰斩断；

经纪人底薪翻倍……

作为互联网初创企业的爱屋吉屋，在不到一年的时间里，总融资额度就超过2亿美元。不得不说，这与企业自身的良好素质是分不开的。

初创企业只有苦练内功，不断自我增值，具备高成长性，才会吸引资本的目光，获得资本青睐。

1. 让公众看到你的良好形象

首先，良好形象就是初创企业的信用。尤其在“互联网+”时代，信息透明化，决定资本是否会向企业打开大门的关键就是信用。目前，我国已经建立了企业信用信息公示系统，资本机构可以通过互联网轻松查询到企业的信用记录，如图1-1所示。

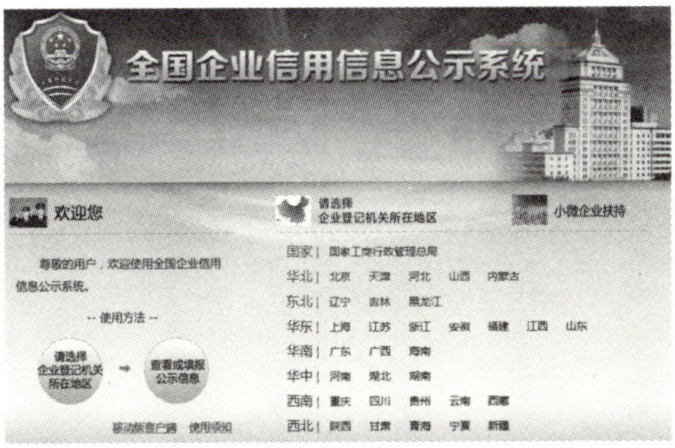

图 1-1　我国企业信用信息公示查询系统官方截图

因此，初创企业更要以诚信为本，树立良好信誉，遵守国家政策、法律法规，按时交纳税款，以免在有关部门（如银行、税务、工商等）留下不良记录。

其次，优化产业结构。中小企业要拓宽自己的资金来源，还要不断优化自己的产业结构。无论银行，还是其他金融机构，都对那些产品科技含量高且市场潜力大的企业青睐有加，资金也倾向于流入高新技术产业。中小企业要重视产业升级，增加对市场前景好、科技含量高且附加值高的产品投入，将一些高污染、低产出、高消耗的产品淘汰，才会对金融机构产生吸引力。

2. 人外有人，创业者不能盲目乐观

乐观对于创业者而言本是好事，至少这样才有动力创办企业，相信自己能够成功融资。但如果总觉得自己非常优秀，最为专业，恐怕就是一种盲目乐观了。

曾有两位联合创始人创办了一家科技网站，致力于 O2O 行业研究。

一位创始人在线下拥有近 10 年的从业经验，另一位创始人则拥有多年线上的从业经验，因此两人对外宣称自己创办的网站是 O2O 领域“最为专业的研究机构”。

事实上，这在资本看来是一种盲目乐观的表现。

人外有人，天外有天。

资本见识过的优秀企业、创业者绝不比你少，你凭什么将自己的企业冠以“最为专业的研究机构”之称？

显然，相对真正了解线上线下的专业机构来说，这家初创企业还存在非常大的差距。

未来属于真正懂互联网的人，除非你已经随着阅历的增加，逐渐被行业认同，不然，最好不要自封“最为专业”。

3. “麻雀虽小，五脏俱全”，提升企业综合竞争力

互联网时代，信息不对称，更新换代迅速。

一方面，政府相关部门和许多资本机构会通过互联网平台发布新的融资信息。而初创企业或许没有太多时间、精力了解相关信息，一旦获取的信息有误，就可能错过融资机会。

另一方面，初创企业应该主动通过互联网平台自我宣传，咨询相关融资项目，把握以较低成本获得资金支持的机会。

除了通过互联网了解融资常识、提升获取信息的能力，初创企业还应提升自己的综合竞争能力。

你的企业成立时间再短、规模再小，也要“麻雀虽小，五脏俱全”。

当你绞尽脑汁寻找融资的锦囊妙计，甚至幻想天上掉馅饼时，其实最有效的融资方法，往往是先练好基本功，提升企业的综合竞争力，实现自我增值。只有这样，才不会在暴风雨来临时显得那么惊慌失措！

尽管融资困难、前路崎岖，创业者也不要轻易放弃自己的梦想。一旦获得他们的青睐，说不定，你就是中国的 Google 或 facebook！

初创企业融资的难点与重点

资本时代的洗牌，就是金融市场的大浪淘沙。在这个过程中，那些缺乏生机与活力的企业被淘汰也属常态。

★ 融资之难：成功的原因颇为相似，被拒绝的理由却千千万

即便你带着互联网企业的基因，在各方面颇具优势，但别忘了风险投资之所以称之为“风投”，与“风险”是分不开的。资本圈里的大佬们是再谨慎不过的一群人，头脑中充满了商业的理性思考，倘若对你的项目和企业没有十足的把握，想让他们“掏钱”，动作肯定无比缓慢。甚至，他们会以各种理由拒绝你，如图 1–2 所示。

图 1-2　资本拒绝融资时的各种理由

成功融资的企业原因都颇为相似，而被拒绝的理由却有千千万。

可以肯定的是，投资者的到来只会为创业企业锦上添花，至于会不会雪中送炭则是个未知数。

★ 冬天来了，春天还会远吗

资本“寒冬”，主要是针对企业ABC轮融资。对初创企业而言，我们所处的环境相对温暖，毕竟，初创企业融资额相对较少。况且，冬天来了，春天还会远吗？

然而不要以为你的企业在创办初期经营良好、运行平稳，似乎不缺钱，就没必要去融资。要知道，世界知名企业几乎都是通过融资和资本运作，实现规模扩张与裂变，迅速跻身世界级大企业行列的。

但是，工欲善其事，必先利其器。融资不是坐等天上掉馅饼。在获得投资之前，你必须先做好自己，提前“自我增值”，做好以下功课。

1. 融资不能急于求成

一个草原上有一群羊，羊群中走在最前面的羊才能吃到最鲜嫩的草。于是后面的羊就很想到前面去吃草。然而，后面的羊挤到前面去，前面的羊自然就落到后面去了。结果到悬崖前面时，挤到最前面的羊谁也没能控制住脚步，全部掉到悬崖下面去了。

群情激昂的初创企业创业者往往就是这种状态，越是渴望成功，就越容易受环境的影响。近年来，我国创业环境和资本市场的日渐成熟，使得创业者一股脑地将获得千万融资视为创业成功的第一步。如今，越来越多的创业者都变得浮躁起来，投资人又怎敢轻易将重金托付给这样的创业者呢？

2. 投资人既不是神，也不是活雷锋，更不是救世主

对投资人而言，投资是一种纯经济行为，这种行为不同于社会意义上的做慈善，不是把钱给穷人，而是用“小钱”换“大钱”，说白了，就是让钱生钱。

从这一本质上来说，投资人既不是神，也不是活雷锋，更不是救世主。

他们扶持一家初创企业的终极目标，不仅仅是为了培养一家更加强大的大型企业，更重要的是想要得到更丰厚的现金回报。

资本市场本就是理性的，这里最高的话语权便是利润和回报。除此之外，任凭你把自己吹嘘得再天花乱坠，在投资者耳中，也可能只是一种听不下去的噪音。

融资之路如此艰辛，难道创业者们就要这样放弃吗？当然不是。

随着我国经济发展逐渐稳定，这片土壤上孕育着新的希望与梦想，加上近几年不断掀起的创业风潮，以及国内资本与投资环境的不断优化，中国的资本市场及风险投资业将继续大踏步前进。

问题 2　融资心切的创业者们：投资人的钱有那么好“骗”吗

破局之思——如何正确看待资本口袋里的钱

不少创业者觉得投资人都像《威尼斯商人》[4]里的那位商人一样，明明有家财万贯，却像个“铁公鸡”一毛不拔。

实际上，创业者往往只看到投资人风光无限，却看不到他们背后曾经的付出。从本质上而言，投资人多少也有着创业者融资时的类似经历，他们的钱不是天上的馅饼，也需要通过融资，再向创业企业注资。

因此，资本的钱并不像你想象中的那样好“骗”，暂时没有得到投资的创业者们，也不必怪投资人“苛刻”“抠门”，而是要好好想一想你为什么融不到钱。

[4]《威尼斯商人》：莎士比亚早期的重要作品，是一部具有极大讽刺性的喜剧，大约作于公元 1596—1597 年。剧本的主题是歌颂仁爱、友谊和爱情，同时也反映了资本主义早期商业资产阶级与高利贷者之间的矛盾，表现了作者对资产阶级社会中金钱、法律和宗教等问题的人文主义思考。

融资盛宴：满城尽是创业者

在“大众创业，万众创新”[5]的今天，随着“互联网 +”时代的到来，“创业”已然不再是陌生可怕的字眼，互联网行业的初创企业更是呈现“春风夜放花千树”的态势。

★“互联网 +”创业热潮不减，初创企业对资本的需求持续增加

如今，我们正处于一场“互联网 +”带来的变革风暴的中心。表 1-1 为《2015 新互联网公司 Top300 榜单》的部分榜单。

表 1-1 《2015 新互联网公司 Top300 榜单》部分榜单

排名	企业	业务
1	今日头条	手机资讯阅读应用
2	人人贷	P2P 信用借贷服务平台
3	APUS Group	移动互联网开发
4	车易拍	二手车拍卖交易服务
5	优集品	精品电商
6	说客英语	在线英语外教学习服务
7	云知声	语音识别及语言处理
8	自如网	品质租房网站
9	一点资讯	手机阅读应用
10	河狸家美甲	美甲预约和上门服务
11	普惠金融	在线借贷及理财
12	华云数据	云计算基础设施运营
13	悠游堂	家庭娱乐
14	宝驾租车	P2P 汽车租赁服务
15	幸福 9 号商城	养老服务 O2O 平台
16	开桌 / 首惠时代	午餐随机优惠平台

[5] “大众创业，万众创新”：在 2014 年 9 月的夏季达沃斯论坛上，李克强总理发出了“大众创业，万众创新”的号召。2015 年，在政府工作报告中，李克强总理再次提出：“大众创业，万众创新”。他这样表述：“推动大众创业、万众创新，既可以扩大就业、增加居民收入，又有利于促进社会纵向流动和公平正义。让人们在创造财富的过程中，更好地实现精神追求和自身价值。”

（续表）

排名	企业	业务
17	唯一优品 / 唯伊特卖	母婴用品电商
18	极路由 HiWiFi	开发智能路由器产品
19	TPO 小站教育	托福雅思在线课堂
20	iHealth	移动个人保健产品
21	一块邮 / 巨新网络	第三方淘宝导购推广
22	上海盈创建筑	建筑 3D 打印
23	学习宝	K12 教学辅导移动应用
24	美拍 / 美图秀秀	手机自拍分享社交应用
25	魔方网	手机游戏媒体
26	超级课程表	课程表及社交应用
27	万鞋云商	主打鞋业的 O2O 平台
28	环球佳平医疗	家庭医生服务及医疗
29	比邻	语音电话和社交应用
30	零零无限科技	机器人
31	东方美宝	珠宝 B2C 电子商务
32	美味七七	食品购物电子商务
33	DeepGlint 格灵深瞳	计算机视觉
34	SenseTime	人脸识别
35	短融网 / 久亿财富	短期借贷
36	荣昌 e 袋洗	O2O 洗衣服务
37	云家政	家政生活服务
38	小区无忧	小区生活指南移动应用
39	开课吧	泛 IT 学科在线教育
40	广州巨杉软件 SequoiaDB	NoSQL 分布式数据库研发
41	LeanCloud	移动 BaaS 服务及方案
42	南京鹏云网络	私有云和云计算服务
43	广东乐源数字	穿戴式智能智设备
44	杭州云柚科技	智能家居门锁硬件
45	电话邦	号码数据服务
46	Solo 桌面 / 赤子城	Android 手机桌面工具

（续表）

排名	企业	业务
47	亿蓓网	母婴用品限时特卖
48	微贷网	汽车抵押 P2P 借贷平台
49	人人聚财	P2P 网络信贷理财
50	叮咚小区 / 丫丫网	居民社区生活服务应用
51	界面网络	商业财经媒体网站
52	安沃传媒 Adwo	移动广告和营销服务
53	36 氪 36Kr	科技媒体
54	UnitedStack 优思得	云服务
55	猿题库	在线题库产品
56	传课	在线教育平台
57	骑摆客 700Bike 柒零零	自行车运动社区服务
58	人人快递	众包模式快递物流服务
59	学堂在线	开放式在线课程
60	辣妈汇 / 杭州浪尖网络	母婴商品特卖网站
61	公平价	二手车估价搜索引擎
62	我有外卖，我有科技	本地生活，美食餐饮
63	微信海 / 通源兆泰网络	微信营销解决方案
64	蚁视科技	虚拟现实、增强现实
65	Everstring 万维思源	大数据营销管理服务
66	小荷特卖 / 蓝色互动	细分时装电商平台
67	喜马拉雅	移动端电台互动应用
68	Coding 扣钉网络	社会化云端开发平台
69	火乐科技 Hola	投影及智能家庭影院
70	阳光印网	一站式网上印刷平台
71	智课网	出国考试线上学习平台
72	秀美甲 APP/ 乐活无限	手机上的美甲服务
73	WiFi 伴侣	公共 WLAN 连接认证工具
74	通讯录 plus/ 葡萄信息	主打产品为通讯录 plus
75	秘密 / 无秘 / 无觅	朋友圈匿名爆料应用
76	惠装装修 / 快乐家网络	O2O 家居电子商务平台

（续表）

排名	企业	业务
77	白鹭引擎	手机游戏开发引擎
78	爱博诺德	眼科医疗服务
79	爱旅行 / 爱旅伟邦科技	特价旅游产品网络平台
80	趣医网	移动端就医咨询与服务平台
81	物流小秘 / 易达小鸟	物流货运 O2O 用车平台
82	去动 / 律动科技	移动端的运动社交应用
83	三个爸爸	孩子成长相关的智能硬件
84	永洪科技	BI 商业智能分析服务商
85	惠装装修 / 快乐家网络	O2O 家居电子商务平台
86	松鼠互联	松鼠智能相框
87	Ehang 亿航无人机	无人机技术研发
88	云鸟配送	同城快速配送服务
89	艾漫科技	影视娱乐大数据服务
90	小恩爱	情侣社交应用
91	北海康成	药品市场化
92	爱鲜蜂网 / 众成汇通	休闲食品配送服务
93	小麦公社 / 快客蚁族	校园物流
94	投友圈 / 乐投宝	P2P 网贷投资理财社交平台
95	逸橙科技	招聘 3.0 网站
96	钱升钱	票据理财产品服务提供商
97	品啦造像 / 弓禾文化	O2O 模式 3D 打印技术服务
98	爱钱包	互联网理财
99	性价比 / 厦门海豹信息	成人情趣用品导购 App
100	土流网	农业土地流转资讯类网站

在人们惯有的印象中，互联网初创企业就是新事物的代表。

何谓互联网初创企业？它具有以下几个主要特征：

- 创立时间较短，以较新的面孔出现在公众视野；
- 有一定的用户数量；

• 通常依托互联网展开，并且企业价值更易得到资本市场的认同，获得融资……

当“互联网 +”逐渐成为各个行业思考的命题时，传统产业就面临着一场颠覆性的变革。伴随而来的则是如雨后春笋般涌现的新兴互联网创业企业，将“互联网 +”的创业浪潮推向制高点。

历史的每一次变革都会重构一个新的时代，塑造一个新产业的主旋律。不管你是过去的“霸主”，还是新来的“选手”，都会在这场变革中被赋予新的角色和使命。

随着政府的大力扶持以及相关政策的落地，在未来几年内，互联网初创企业的发展势头将持续不减。近几年，大批互联网初创企业先后获得了资本融资，既拓展了原有业务，也开启了对新商业模式的探索。未来，还将有大批互联网初创企业破土发芽，从无到有，创业方向涵盖“互联网 +”的方方面面，如新媒体、O2O、医疗、电商、智能硬件、社交媒体等更多领域。

加入互联网创业大军的企业越来越多，企业对资本的需求也越来越大。

然而，融资心切的创业者们，你是否认真思考过这样的问题：资本口袋里的钱有那么好“骗”吗？你为什么融不到钱？

你为什么融不到钱

身为创业者，做梦都想为自己的初创企业融资。

然而，现实中有太多充满雄心壮志的创业者，却没有像想象中那样顺利地融到钱。于是，其中大部分人的创业梦想就此折戟，因为无法成功获取融资。

一般来说，情形都是像下面这样的。

A 对 B 说：“我现在有一个非常棒的创业点子，并且我已经做了很多相关行业调研。你知道吗？这个市场正在敞开怀抱等着我去捞钱呢！我现在已经有了一些潜在客户，很多人问我什么时候正式开始创业，他们一个个比我还着急！”

B大吃一惊：“哇！简直太不可思议了！你太棒了！那你打算何时着手开工呢？”

A犹豫不决：“这个嘛……我还没想好，目前手头上没什么钱。我好希望此刻有个人出现在我面前，给我扔来一笔资金啊！你不知道，像我这种初次创业的，银行根本不搭理我。”

当然，类似上述这段对话可以用不同的方式展开，但最终的结论通常都一样：太多创业者有着非常棒的创业想法，并且有着足够的热情，但因为没有钱，最终都搁浅下来了，创业故事就此终结。

★“有眼不识金镶玉”，资本为何不投你

许多创业者会发现，或许身边的有钱人不少，钱似乎很容易找。但最终那些资本却投了很多出乎你意料的项目，就是没有人投你——于是你感叹：真是“有眼不识金镶玉”！

1. 初创企业本身劣势所致

与成熟的企业相比，初创企业在融资方面存在诸多劣势导致融资困难，如表1–2所示。

表1-2　初创企业与成熟企业融资时的情况对比

初创企业	成熟企业
通常没有一定年限的经营记录	通常有一定年限的良好经营记录
没有可抵押的资产	有可抵押的资产
没有抵抗风险的能力	有抵抗风险的能力
融资能力较弱	融资能力较强

资本市场从不缺少资金，关键是去哪里找！

2. 贪婪与逐利是资本本性

资本永远摆脱不了贪婪与逐利的本性，对资本而言，只要有利可图，他们就会鱼贯而入。资本投资的理由有很多，而不投的理由大多是你不能为其带来预期的利益。

反过来，创业者融资的理由也不应单纯地为了“创业”，而是为了找到资金实现自我增值，为企业和资本带来更多利益。毕竟，创业存在一定的风险，这意味着投资者的资金可能血本无归。这也是为什么投资者总是问东问西、挑肥拣瘦了。

★ 融资不易，但并非是死胡同

邮票、钱币、字画和古玩，收益不错，但也有周期性，套现不易，又需要比较专业的知识；银行存款或债券、黄金，风险小，但收益太低；期货投机可以获得高收益，但是风险太大；而创业投资可以取得丰厚的利润，近几年又获得国家政策的支持，如此一来，就会有大量的资金涌入创业投资领域，投给初创企业，从而形成创业投资浪潮。

可见，融资虽然不易，却也不是没有机会。就看初创企业如何“自我包装”、寻找融资路径、把握融资机遇。

创业与融资密不可分，这是任何互联网初创企业都无法回避的重中之重。从创业者启动第一笔创业资金开始，就意味着踏上了融资之路。

那么到底怎样才能成功融资？如何才能根据互联网初创企业自身的特点，更快地获得融资……

这也是本书后面章节要重点解决的问题。

PART 2

深度剖析：保持理性才能点燃度过严冬的篝火

和资金实力雄厚的成熟企业融资模式不同，互联网初创企业最需要做的事，是利用手头现有的人力、物力、技术等资源，看看能做什么，如何融资，而不是照搬照抄已经步入发展轨道的正常企业运营方式来做事。

荒岛求生存，有鱼就去捕，有野果就去摘，下雨了就打伞，冷了就想办法生火，鞋子破了就赶紧去修补。唯有如此，你才有可能存活，置之死地而后生。

有一天遇到同样的环境，你会发现，那些都市里的大企业已然不是对手，因为同样的问题你已经在他们之前成功破局！

分析1　创业初期，令你望“金”兴叹的两块挡路石

融资之思——为何要考虑融钱、融物，还是融人

能直接融到钱，再好不过。

但若直接融钱困难，你就要退而求其次，考虑融物、融人。有了物和人，再回过头去融钱。

所谓“融物”，就是投资人用一些做网站所需要的资源来作为投资。例如，建立网站需要服务器，此时刚好有人看准了你的网站项目，他就为你提供服务器作为投资。那么，服务器对你而言亦是一种变相的“资本”。

所谓“融人”，就是你若在某方面缺少经验，可以向业内专业人士寻求帮助，劝其入伙。

例如，互联网营销如今变成了专业领域，能找到在这方面志同道合的伙伴，亦是一种资本，你离成功就近了一大步。

钱：此时阻碍你走向成功的最大问题

既然互联网企业注定是“烧钱大户”，那么，钱就是此时阻碍你发展的最大问题。

即便你带着与生俱来的互联网基因，但作为初创企业，在建立初期几乎还是什么都缺，犹如一个两手空空的人。

你不是家底殷实的企业家，创业也不是另起炉灶，更到不了资金战略转移的高度。

说到底，你只是在代际传承上并不占多少财富优势的普通人。或许你就是一穷二白，“砸锅卖铁”也砸不出多少油水出来；又或者你还有些许积蓄，不过，在“烧钱”的互联网创业面前，只是杯水车薪，甭说大风大浪，就是小灾小害，也能把你的积蓄榨得一干二净。

此时，钱是阻碍你走向成功的最大难题。如果没有钱，你连创业的第一步都迈不出去。

这也是我们为何要融资的根本症结。

★ 现状分析：没路子、没家底，如何解决资金难题

初创企业，第一就是要解决资金问题。没路子、没家底，这白花花的银子就要靠融资来“捞”。

有人说，风投是个好东西。的确，人家是“天使”，不过天使的智商也不低，也不是闭着眼睛就给你撒真金白银的。有人怂恿：“写一封情书，把自己的优势娓娓道来，群发给全世界的女孩，总有一个会向你投怀送抱。”这行得通吗？

休说为你投资的陌生人，即使拿着这份“情书”去找你那三五成群的昔日老友，到了利益的节骨眼上，你也不敢打包票他们的投资不会打了水漂。最终肯留下来陪你一起创业到底的人，也只是寥寥。

有人可能会说：“到银行贷个几十万元，解燃眉之急不就得了？”

如果你这样认识创业与融资的关系，那你就错了。

广义上的融资是指，货币在非单一市场里的融通过程。

狭义上的融资是指企业筹集资金的行为和过程。

总之，只要是在资本市场利用闲置资金筹措或者放贷，使这部分资金流通起来的行为，都可以称之为融资。

简单来说，融资就是获得一笔资金，有了这笔资金就可以添置更好的硬件设施、聘请更优秀的员工，进行更大规模的宣传……

无论是创业还是扩张，即使是富家子弟，在创业之初，多多少少也都会与银行有业务来往。没有谁在创业第一天就手握数亿元流动资金。

到了银行你才知道，原来想从这座金库中贷款，形同跋山涉水、困难重重。

通常银行贷款有 3 种最常见的方式。

1. 缴纳一定数额的保证金

创业的节骨眼儿正需要钱，你还有多余的钱交保证金？

2. 以房产、土地等银行认可的抵押物做抵押

但草根创业通常都是从租赁商铺开始，根本没有所谓的房产、土地。

3. 找资信担保人为你担保，且审批非常复杂、严格

若是能找到有实力做担保的人，还用得着来银行贷款吗？

银行难以“抽金”，恐怕只有自己抽筋的份儿了。

许多人在创业初期摩拳擦掌，怀揣“偶像剧”的梦，梦想着有一天能有大佬慧眼识得你的商业模式有多牛，大笔一挥，给你一张巨额支票让你偷着乐。

故事毕竟是故事，这种“狗血”的剧情只存在于电视上。

现实世界里，如果没有博得财富青睐的筹码，不管银行贷款、民间借贷或者股权融资，都很难指望天上融资的“大馅饼”结结实实砸到你。

★ 脚踏实地去融资才可能迎来期盼已久的春天

虽然金融泡沫年年有，国外热钱也把中国资本市场围得水泄不通，但“互联网泡沫”那样的好时光的确一去不复返了。那时候，很多拿着薄薄的

一张商业计划书就换来大笔投资的创业者们，面对巨额风险投资，却不知该如何进行资本运作。

就算到了金融业发达的美国市场，走上资本运作之路的创业项目也不到 0.01%。在中国，人多，钱多，但早已不是“人傻钱多”的时代了。初创企业正式融资前要解决的问题有以下 3 个，如图 2-1 所示。

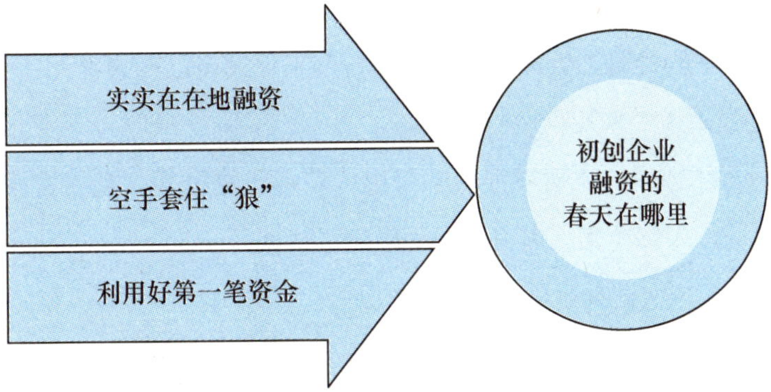

图 2-1　初创企业正式融资前要解决的问题

1. 实实在在地融资

天下没有免费的午餐，无论额度大小，想融资必须项目过关或让对方看到立竿见影的实在利益。

与其整天做“发财梦”，不如实实在在地融资。即便是富可敌国的“马爸爸[1]”都在借路演上市之机大力融资，何况你还只是个初来乍到的初创企业。

2014 年 9 月 9 日凌晨，阿里巴巴集团在纽约开启了首次路演融资之门，800 多名投资者到场，比预期多了 300 多人。

媒体报道称，有华尔街基金经理甚至在社交平台上透露现场排的队伍拐了 18 个弯，光是等电梯就需要 40 分钟。按照日前阿里公布的每股 60 ～ 66 美元的 IPO 发行价指导区间，此次融资额最高可达 243 亿美元，有望成为美股有史以来最大的 IPO。

1　“马爸爸”：指马云，因其成功的创业事迹和富可敌国的财力，网友亲切地称之为“马爸爸”。

从一家生存都困难的创业小网站，到中国电商巨头，再摇身一变成为“美国航母”，阿里巴巴成了美国史上最贵IPO，其上市融资的PPT就成了“史上最贵PPT”，许多后来者争相学习——既融到了钱，又宣传了企业，可谓一举两得。

当然，不是所有企业都能做到如此大规模的融资。尤其创业初期，最好不要指望天上掉“资金馅饼”，毕竟大多数人不能一步登天。但你可以借鉴“过来人”的经验，脚踏实地才有可能迎来那期待已久的春天！

2. 空手套住“狼”

“空手套白狼”，比喻以很小的付出，获得丰厚回报，是投资回报率最大化的体现，人们开始习惯将这个词当褒义词使用。

大部分初创企业就是处于这种状态。

既然“空手套白狼”属于正常的商业运作，如何才能套住“狼”呢？

在此之前必须明确一点，“空手”并非指“零投入”，那就真成了骗子。**所谓“空手套白狼”，更多地是指“以小博大”，即用最少的投入换取最大回报。**任何一家初创企业都有一个从资金积累到缓慢发展的过程，必须充分发挥主观能动性，挖掘自己的潜力。

那么，到底应该向谁融资？可以参考表2-1。

表2-1　初创企业的常见融资对象（渠道）

对象	描述
银行	对初创企业来说，向银行尝试“创业贷款”是最常见的方式。所谓创业贷款，具体是指有一定生产经营能力或已经从事生产经营活动的个人，因创业或再创业提出资金需求申请，经银行认可有效担保后而发放的一种专项贷款。创业贷款的期限通常为1～3年，其利率以中国人民银行的规定为准，最高下浮20%，个别地区的下岗职工创业者还可以享受60%左右的政府贴息。在后面章节中我们还将详细讲述抵押贷款、担保贷款等方式
亲朋好友	由于创业初期通常是从小生意做起，需要一笔小额创业资金，如果身边的亲朋好友有能力倾囊相助，发动周围的人无疑是最简单直接的。否则就只好选择民间或半民间的借贷资金，及PART 3中详细讲述的各种融资方式

（续表）

对象	描述
团队	这种方式通常是合伙凑钱，因为资金有限，不得不选择几个合伙人一起出钱，资源共享，力量就会变得更强大。但人一多事就杂，凑钱时要确定每个人的投入比例和后期的利益分配原则及退出的机制并书面写清楚。另外，还要考虑到开始经营企业之后的资源再投入，如果后期一方已经失去融资能力，那么，其他合伙人就有权取代其占有的一定股份。最后，如果一方中途退出，何时退、退出时的比例、责任谁来承担、谁来补偿亦应提前写入合同。既然是团队，就不能感情用事，前期不“计较”清楚，后期会混乱不堪
投资者	即股权融资。有一些天使投资者，如果看到比较好的商业模式，一样可以投资，但前期占有的股权较多。而且，能否得到投资者的青睐，取决于商业模式、创业团队、市场前景等，能打动投资者才是最重要的，而且行业不同，投资模式也可能不尽相同

3. 利用好第一笔资金

如果你有办法弄到资金，又可以用来创业，接下来才是真正考验你的时刻，如何利用好创业第一笔钱是一个不容忽视的问题。

“我爱洗车”是“互联网 +”时代的产物，亦是融资难时代的牺牲者。2015 年 11 月，继赶集易洗车、e 洗车、云洗车等 O2O 企业之后，“我爱洗车”正式倒闭，成为又一家在洗车行业败走的公司。

在互联网洗车领域，类似“我爱洗车”的公司不断覆没。究其原因，实为“烧钱”过猛——“我爱洗车”在获得天使首轮投资后的 10 个月里就把资金挥霍一空，同时无法继续获得 A 轮融资，如此一来“我爱洗车”只能悄然停业。

在互联网资本寒冬的“推动”下，类似由于没有利用好第一笔资金而导致资金链断裂、企业倒闭的现象越来越普遍。

用得清醒才会花得谨慎，才能对自己负责。何况，创业不一定一次就能成功，失败的同时往往也遭受着债务危机，这将会为未来二次创业埋下隐患。

大多数初创企业虽然在创业初期一腔热血，但因为计划不周、缺乏理性认识，认为只要把第一笔钱投出去，就一定能钱生钱，给日后经营带来很大危机，甚至造成周转不灵。

所以，**一定要恰如其分地配置好资金，提前管理配置、做好资产运作计划，启动后就不能轻易改动，肆意增加成本，使得回收本金的概率越来越小，直到创业信心被腐蚀殆尽。**

总之，我们应该老老实实地走属于自己的创业之路，合理利用好创业的第一笔钱，这是敲开成功之门的第一个里程碑！

物：低价没有市场，谁来为你提供“服务器”

初创企业最可悲之处莫过于辛苦研发一整年，到头来无人欣赏，没人愿意为你提供“服务器”，于是，一切设想的后续融资计划都无法展开。无奈之下，企业把产品/项目/服务的价格一降再降，就是找不到属于它的市场。

★ 融资并不意味着低价售卖自己

互联网时代，信息透明化，且是市场和客户需求不断增加。但因为初创企业本身还没有品牌效应，最初大多维持小商小贩式的盈利模式。在融资过程中，往往自卖自夸，打价格战，以短期利益为重，更有甚者，不择手段低价倾销，导致利润越来越低，以此为基础，不可避免地轮番杀价、压价，陷入越低价越赔钱的局面，其他环节资金链开始断裂，品质无保证。许多看似融资良好、稳健发展的企业其实已经岌岌可危。但凡半路夭折的初创企业，大多是因为中途“发霉变质”了。

可见，单靠打价格战而忽视质量的损失是多么惨重！

1. 价格太高、太低都会“很受伤”

创业者在发展初期，往往更容易在计算毛利的问题上犯两个比较极端的错误，如图 2-2 所示。

图 2-2 价格太高、太低都可能“很受伤”场景示意图

第一，因为企业处于“襁褓期”，对自己没信心，害怕参与市场竞争，被对手打压，于是一开始就将利润定得很低，虽然产品可能在极短的时间内售罄，但企业也会因此无利可图。

第二，由于起步阶段对市场缺乏一定了解，企业在缺钱的节骨眼儿上当然希望融的资金越多越好，于是在融资过程中将各项指标价格制定得过高，以至于无人问津。

2014 年年初，全球云存储服务公司 Dropbox[2] 完成了一轮 2.5 亿美元的融资，公司估值达 100 亿美元。当时，Dropbox 成为全美甚至全球以风投资金为支撑的互联网创业公司中估值最高的一家。

而在 2013 年 11 月的首轮融资中，该公司估值仅为 80 亿美元。但据《华尔街日报》称，Dropbox 当年的销售额为 20 亿美元，仅是公司估值的 1/5。

2016 年 3 月，美国新闻网站 BuzzFeed[3] 报道称：“美国云存储公司 Dropbox 计划授权销售一批普通股，但股价却较最新一轮融资折价 34%。”此消息进一步暴露了该公司面临的估值压力。

不仅国外如此，在国内不断传出的公司合并案、估值缩水仿佛是“资

[2] Dropbox，美国一家知名云存储互联网服务公司。

[3] BuzzFeed：一个美国的新闻聚合网站，2006 年由乔纳 • 佩雷蒂（Jonah Peretti）创建于美国纽约。

本严冬”的注脚。

2016 年 1 月，蘑菇街和美丽说[4]带来了新年伊始的第一个合并案，双方交易以换股形式按 2:1 对价，新公司估值近 30 亿美元。

这两家公司在合并之前，分别都经历了 5 轮融资。其中，美丽说融资总额 2.5 亿美元，估值 30 亿美元；蘑菇街总融资额 2.5 亿美元，估值 20 亿美元。

二者合并后的总估值，缩水了 20 亿美元。换言之，两家公司在合并前的估值均大幅下降。

估值是科学，也是艺术，过高或过低对融资都不利。没人愿意为你提供“服务器”，融不到理想的资金，后续融资、创业计划犹如天方夜谭。

2. 市场竞争力是融资原点

品牌的建立不是一蹴而就之事。你在企业还没有大量资金做起来之前，看得更多的只是成功品牌的案例，在这些品牌亦步亦趋地发展的时候，你可能根本没听过它们的名字，不知道它们做了哪些改变。在消费引领市场的今天，你必须先确定自己的核心竞争力，占领市场，然后再去打造你的品牌文化吸引顾客，而不是先匆忙搞一个品牌迷惑投资人。

先抓质量，控制成本，提升品质，静观其变，以静制动。按照自己的实力规划融资蓝图，成功才指日可待。

人：人脉存折为零怎么办

斯坦福大学研究中心发布过这样一则研究报告：“想要真正赚到钱，87.5% 靠人脉，只有 12.5% 靠知识。”

“一个篱笆三个桩，一个好汉三个帮”“在家靠父母，出门靠朋友”“人脉即钱脉”等，无不证实了人脉的重要性。

有句话说得好，**人脉决定融资成败**。这句话在如今融资难的时代更显

[4] 蘑菇街、美丽说：均是以淘宝导购网站起家的女性垂直电商网站。

得无比正确。

Nexage[5]公司的创始人就是个好例子。该公司位于美国马萨诸塞州，在2013年上半年靠着人脉关系拿到了400万美元的风险投资。

在融资过程中，公司CEO戴夫·甘地（Dev Gandhi）和董事长迈克·贝克（Mike Baker）受到很多投资人的欢迎。令他们成为融资宠儿的原因是几年前，贝克曾创建过另一家叫作Enpocket的手机广告公司，并担任了6年CEO，2007年该公司被诺基亚收购。

Nexage最终挑选出的最合适的两家投资方分别是位于多伦多的BlackBerry Partners Fund（黑莓基金，黑莓手机制造商只是该基金的投资者之一，其中还包括路透社等投资者）和专注于初创企业投资的GrandBanks Capital（简称GrandBanks）。

协议达成后，黑莓基金合伙人马特·高登（Matt Golden）和GrandBanks合伙人赖安·摩尔（Ryan Moore）加入了Nexage董事会。

事实上，贝克和高登早就打过交道并有过合作，和GrandBanks也有过合作经历。过去良好的合作关系为贝克积累了人脉，也为此次融资奠定了基础，使赢得投资的过程更加顺利。

简单说，**人脉就是你在创业的过程中，在物质、精神等各个方面对你、对企业起到推波助澜作用的人际关系**，如果没有人脉，那你今后创业中就没有了人力资源，也少了更多融资的资本。

★ “大有大帮，小有小助”的融资人脉

有多少种创业形式，就有多少种人脉，最终产生的作用力也截然不同。但有一点可以确定，许多融资活动都是围绕人际关系展开的。

作为一家新生企业，免不了要和很多机关部门打交道，许多企业家、商人都能体会其中滋味，有关系可以获得更高的待遇，融资效率也高，无异于帮企业走了一条捷径。

[5] Nexage：美国移动广告解决方案商。

如果说二十几年前是“知识就是生产力”的时代，那么现在则是“关系即生产力”的时刻。人脉是无形的，但却无处不在，可谓“大有大帮，小有小助”。

1. 人脉是融资过程中无形的本金

对大部分初创企业而言，人脉就是创业初期无形的本金，使企业受益无穷。

一种见证创业成功的方式是吸引更多资金、拥有更多财富，另一种就是在经营企业的过程中储存了丰厚的“人脉存折”，逐渐扩大自己的人脉圈。

经商失意时，总有友谊能带给你更大的勇气和希望。“人脉存折”上的数字不管大小，本身就已经是一种无形的本金、巨大的财富，随着后续融资的推进，无形的资本也会越来越大。

2. 提前储存人脉但并非“万能钥匙”

现实中，融资的过程往往并非我们想象中的顺利。即便有了人脉资源这本“存折”，但人脉不是“万能钥匙”，有些人仅仅是在某些方面对我们创业发展有所帮助，具体如表 2-2 所示。

表 2-2　融资过程中，人脉资源可能为我们提供哪些帮助

帮助	描述
提供资源	初创企业在融资过程中难免遇到这样那样的难题，家人又帮不上忙，就只能发动朋友提供资源，帮助你渡过难关
取长补短	不一样的人有不一样的优势，将这些人组织在一起，综合实力就无限放大。之前你可能并不认识 C 但却需要他的帮助，很可能因为你的朋友 B，或朋友的朋友 D 认识 C，大家才有了围坐在一起聊天、发现商机的机会
提供信息	在互联网时代，创业者若是信息闭塞就形同守株待兔，在万人疯抢的残酷竞争中，又怎会有迷路的兔子主动送上门给你呢？但珍贵的融资信息并非唾手可得，很多甚至被业内人士看成机密，不轻易透露给对手，除非你有关系。而储存人脉不仅能获取更多创业信息，寻求融资机会，还能省去收集信息、整合资料的时间，也不用整天为那一点密不透风的消息四处跑了

（续表）

帮助	描述
精神支持	对初创企业而言，融资的坎坷有时超乎想象，有很多问题不是有了资金和人脉就能解决的，有时你甚至面临重大失败与不得不放弃的选择，太多压力压得你透不过气，让你不知所措，却又无从和家人倾诉。这时，如果能有人在身边，或许能带给你心灵上无穷的正能量，使你重新鼓起勇气迎接未知的融资难题

人脉如空气般无形、无色、无味，但每个人都不能离开空气而生存，其作用显而易见。让你的人脉关系网多角度无限延伸，本身就是在为今后的融资苦旅积累无形的巨大财富！

分析 2　不同时期，你能否紧握过冬稻草打好“融资牌”

融资之思——为何要在不同时期打“融资牌”

在现实中，大部分创业者都是从小微企业起步的，通过领先的互联网技术动辄吸引上亿元资本不是遥不可及的梦。互联网时代，科技公司日新月异，在同一领域做得风生水起的企业也可以列出长长的优秀创业者名单。尽管轻松融资的时代一去不返，但这并不意味着后来者只能依靠原始积累像蜗牛一样慢慢往上爬。相反，我们应该像马克·扎克伯格那样，立志创办一家高增长、有潜力、有价值的企业。也许你不会像他那样在创办企业之初就在业界形成巨大影响力，但他还有一个秘诀就是打好了“融资牌”的第三张牌：傍上了大款——借力哈佛这个平台，积累了上百万的学生用户，通过这个平台他发现了无限商机，持续借助和扩展学校平台，进而借助了当地电信运营商等互联网资源，最后借助了资本市场的跳板一跃而上。

扎克伯格可以，你为什么不可以？当今中国的许多年轻创业者并不逊色。无论你是否意识到，总会有实实在在的外部客观环境、无形的资源围绕着你，影响你未来的创业之路。你或者直面它，打好本章要诠释的5张“融资牌”，要么做好被它左右的准备，除此之外，没有第三条路！

政策牌（筹备期）

几乎所有的创业者都想化身“幸运儿”，获得政府支持！尤其在国家大力倡导发展“互联网+”和“大数据”经济的今天，企业如能获得政策助力，将受益匪浅。只是，这块稀缺的“蛋糕（资源）”得来不易。

企业筹备期，实体尚未成立，各项手续也还未办理，甚至企业发展的各种可能性都还只停留在创业者的心中。因此，该阶段的融资是极其困难的。

对创业企业，投资方对投资的反应通常是十分谨慎的。正规的投资公司，对每一笔资金的投入，都需要经过非常严格的申报及审批过程，并且对融资方的各种数据都要求翔实、准确。哪怕近几年互联网创业的浪潮“一浪高过一浪”，投资人也不会轻易出手。尤其对筹备期的企业而言，各种数据都是“虚而不实”的，这就造成投资公司进行调查的难度过大，甚至无从入手。从这个角度而言，投资公司通常不会给筹备期的企业投钱。

因此，企业筹备期要成功获得融资，必须打好政策牌。

★ 看看自己有什么资本元素能够与政策对接

筹备期的企业由于自身原因的限制，行之有效的融资方法十分有限，而其中最为有效，也最可行的一种方法就是政府扶持资金。但政府不是慈善家，政策性的支持资金往往好看不好拿。

那么，初创企业该如何与政府沟通呢？

方法很多，要具体问题具体分析，概括来讲，主要有以下几个关键点，如图 2–3 所示。

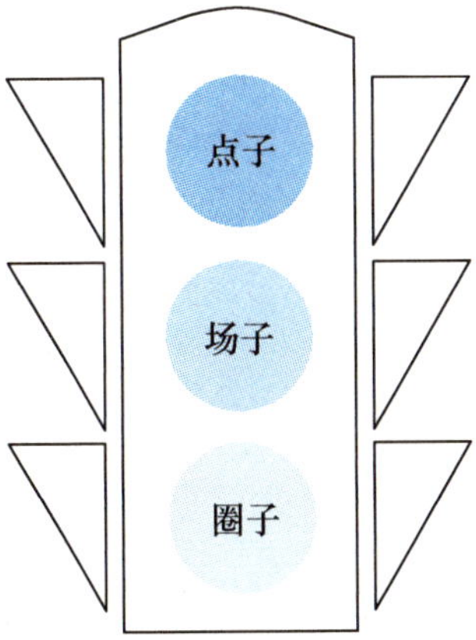

图 2-3　打好政策牌的 3 个关键

1. 关键词：点子，具体方式：出谋划策

具有草根属性的互联网企业创始人，尤其是更贴近现实、能够迅速接受新事物，并且对诸如云计算、物联网以及文化创意产业等高新技术更为了解的青年创业者，他们之中不乏有些人拥有一些开创性的、新奇的好点子。如果这些创业者有机会与相关政府部门深入交流这些好点子，引起他们的关注也并非难事。

青年创业者苏药开办的车库咖啡位于北京海淀图书城步行街，车库咖啡是一个致力于扶持创业者的优秀平台，它不仅受到了广大创业者的欢迎，还因此获得了中关村管委会的支持，管委会特为车库咖啡发牌——“创业孵化基地”，并且为创业集群企业提供注册“绿色通道”。

2. 关键词：场子，具体方式：适时沟通

有时直接找、硬碰硬并不是好办法，很可能吃闭门羹。

这时还可以借助一些特定场合来与政府工作人员进行接触。例如，政府领导会去一些产品展销会视察参观，如果设法将他们吸引到你的展位，就为你展示自己的点子赢得了绝佳机会，相谈甚欢后甚至可以借机顺势提出你的需求；还可以在有政府领导出席的各种论坛中，把握住机会做大会发言或是现场提问、交流等，设法让自己“崭露头角”……

政府领导都很清楚，有限的扶持资金仅仅只能作为引导资金，所以政府部门基本也只能起到一个搭建平台的作用，借此吸引更多有兴趣、有实力的企业来共同参与。而创业者则可以利用政府搭建的平台向投资方充分展示自己，进而让政府部门感到有效果、有收获，这是与政府部门沟通的关键以及合作的基础。

3. 关键词：圈子，具体方式：打通关系

除了上述两种方式，通过合适的关系纽带联系政府部门，是更好的方法。例如，一些企业家会通过专家学者之口为自己的企业说话，以提升影响力。通常由于这些专家学者在各自领域的权威性，使得他们的话语更专业、分量也更重，因此通过他们向政府部门推荐企业的项目更能够引起重视。如果你的项目正好符合国家扶持政策，就更容易迈出与政府部门建立良好关系的第一步了。

模式牌（初创期）

创办互联网企业之初，创业者最好多想想商业模式。

★ 商业模式并非一成不变，企业应灵活变通

在经过倾力的精心筹划，投入了大量时间、经济等成本之后，企业终于成立了，你的事业也宣告正式开始。这时，你或许会激情万丈、意气风发。但是，你若是认为自己可以就此大展身手，甚至离成为一位成功的企业家不远了，那就大错特错了。事实上，你的企业成立之后，首先要面对的就是能否将企业长久办下去这个最大的难题。而要让企业能够长期平稳地运行，就必须建立起企业自身独特的商业模式。

关于商业模式的定义有两个关键词：“资源”和“交易”。简单来说，商业模式就是“资源的交易”。其含义是**在各个资源方为企业做出贡献的同时，其回报诉求得到满足，创业者要力争各资源方“供需平衡”，实现交易**

多赢，支持企业经营发展。

做一个项目或企业的本质无外乎整合资源，进而创造价值。但这个过程中总是充满了诸如供需矛盾、股权纠纷、客户诉讼、与政府往来等难题，所以绝不会一帆风顺。商场上的左冲右突、争来争去都逃不开一个“钱”字，如果各资源方的投入与回报诉求未能达成平衡，则意味着没能形成明确的商业模式，同时也意味着企业经营的资金链没有形成。

虽然在企业的成长期、转型期、成熟期等阶段，商业模式都有着举足轻重的地位，但毋庸置疑的是，在公司的初创期商业模式尤为重要。因为只有拥有自己的商业模式，初创期的企业才能找到一个比较明晰的方向，知道往哪走和怎么走。可以说，初创期的企业能否建立起明确的商业模式，直接关系公司的生死存亡。那么如何打好模式牌呢？如图 2-4 所示，有 4 个要点。

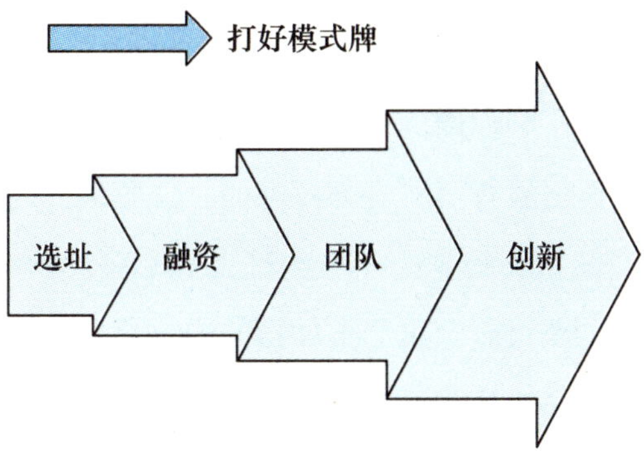

图 2-4　打好模式牌的 4 个要点

在前面章节我们已论述过“商业模式”的若干关键因素，但商业模式并非一成不变的，并且其中的资源方以及交易适配方式一直处于变化状态。而打造一个成熟的商业模式需要在以下方面不断磨合、试错。

1. 选址

商业模式能够帮助企业确定为哪些客户服务以及自身需要哪种人力资

源，因此条件允许的情况下企业选址就要在地理位置上尽量贴近客户，并且便于公司员工上下班。

2. 融资

企业刚成立时，营销收入不足，财务业绩匮乏，所以，这个阶段的企业在融资时投资方主要关注创始人团队策划的商业模式，即看其能否尽快地挣到钱，内部和外部是否都具备可长期发展的空间。

3. 团队

在企业初创期如何寻找素质合格的人才，是一件非常劳心劳力的事。通常，只有在一个企业的商业模式描述了自己如何能尽快挣到钱，并且保证短期和长期都能挣到钱的情况下，那些素质合格的人才才会关注公司从事的项目是否"靠谱"，进而才会使他们只因相信企业前途而产生加入这家企业的意愿。这其中，商业模式扮演的就是吸引"金凤凰"的"梧桐树"。

4. 创新

毫不夸张地讲，创新其实就是企业初创期的生命，也是吸引投资方关注的地方。但是真正了解如何创新的人却不多，简单来讲，创新和独特是密不可分的，并且创新极有可能是颠覆性的。以苹果公司生产的触摸屏平板电脑为例，它的诞生彻底改变了人们过去依赖键盘和鼠标的操作方式。这也表明，颠覆式创新可以产生非常独特的事物。另外，创新也可以是循序渐进式的，如在产品的质量、工艺等方面进行逐步优化。在每一次优化和改进的过程中，诞生了独特的技术、方式、渠道等。

在商业模式这一领域也是同样道理，企业要尽力挖掘自身商业模式的创新点，可以从挖掘具备自身特色的、独特的元素（包括独特的资源以及独特的资源交易模式）入手。

商业模式既不可看作经营方式，也不可被看作盈利模式，它是企业内部与外部独特资源的交易和整合。如同"成功不可复制"这句话一样，只有去发现和挖掘自己独有的资源和交易方式，你融资的成功率才会大大增加，你的企业才能持久挣钱，才能有长久发展。

平台牌（成长期）

成长期可以称为互联网创业企业一场繁复的攻坚战，也是企业发展过程中不可或缺的一个阶段。正是在成长期，大多数小微企业被套上了命运的“魔咒”。的确，有不少成长期企业的“掌门人”迫切渴望找到融资发展途径，解决融资发展难题。但其实，成长期的企业最需要借助的是“平台”的力量。

★ 在八方告急的时期利用平台突出重围

平台常被人们挂在嘴边，但平台具体指的是什么？简单来说，如果将平台的对照物看作个体，对于个体有句话叫“离开了企业（团队）你什么都不是”，而对于企业来说“离开了平台你什么都不是”这句话同样适用。企业一旦离开了平台，就像一棵大树在土壤中被连根拔起，不论如何粗壮也永远不可能枝繁叶茂。大家都知道互联网是个“烧钱”的行业，初创企业在成长期的一个主要特征就是对资金爆发式的需求，此时企业就如同小马拉大车，在产品尚未成熟却已进入市场、政府要资质监管、员工又要待遇等急迫情况下，有效利用平台推广来“广结善缘”，十分利于企业突出重围。

成长期企业其实和许多资源平台都比较容易对接。例如，近几年比较受欢迎的投融资高峰论坛平台——中国国际物流节暨投融资峰会、中国商界领袖论坛、中国城市经济与文化传播产业高峰论坛等。

由于成长期企业基本规模适中，一旦他们借助这些平台，通过上台路演等方式引起关注，就极有可能搭上大企业渠道；或是通过这些平台展示他们自身初步具备的产品、市场、供应链等条件，最终借势政府拉动创新产业、创新园区等扶持政策。

借助平台，就意味着企业有更多机会与广泛、丰富的资源方交流合作。

但企业与平台对接也存在 3 个要点，如图 2–5 所示。

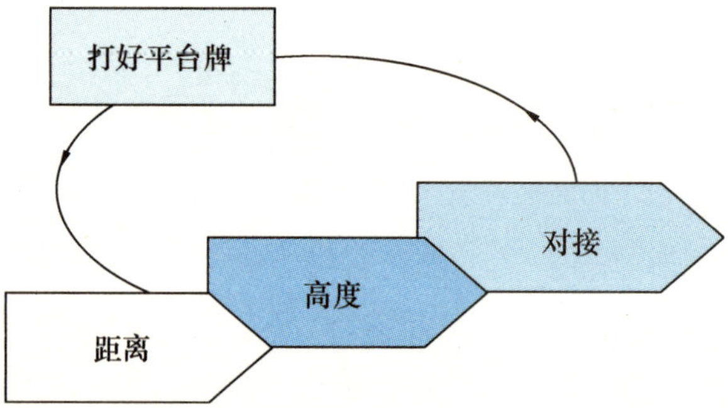

图 2-5　打好平台牌的 3 个要点

1. 距离

企业与平台的地理距离不能太远。距离太远会导致时间、资金等成本无谓增加以及不确定因素增多。

2. 高度

无论是否通过调整，企业与要对接的平台都要处于相近的、类似的层面和高度，如果双方差异过大，则无法完成对接。

3. 对接

企业不要存有轻易就能够与平台资源对接的幻想，并且需要通过灵活、变通的方式和坚持不懈的精神去与平台进行对接。

VC/PE 牌（成熟期）

由于大多数互联网初创企业创立时间不长、资产规模不大，因此很难通过抵押资产的方式获得银行贷款。同时，这些企业一般也很难达到在国内外交易所上市的标准。况且，即便达到了上市标准和条件，这些本就资金紧张的中小企业也难以承担高昂的上市费用。这种情况下，VC/PE 融资便成为中小企业融资的一条康庄大道。

VC，指风险投资。PE，指私募股权投资。

关于这两种不同投资方式的具体内容，我们将在 PART 3 详细论述。

★ 通过 VC/PE 考验的 5 个关键

钱不是那么好拿的，但凡向 VC/PE 要钱的企业，都有可能会被毫不留情地拒绝。任何企业要想拿钱，都必须成功通过投资人的考验。打好 VC/PE 牌的 5 个关键，如图 2-6 所示。

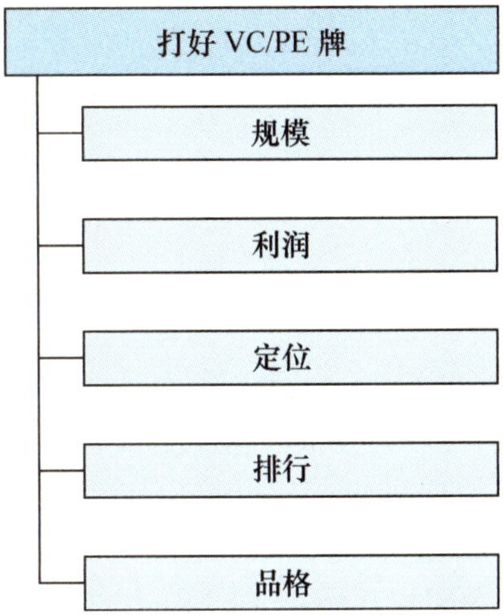

图 2-6　打好 VC/PE 牌的 5 个关键

1. 规模

大多数 VC/PE 会问融资方：“你的企业规模有多大？外部市场规模有多大？”

融资的第一个标准就是规模。VC/PE 都希望被投资企业的年营业额在一定的数值，而外部市场的规模能够达到年营业额的数十倍乃至数百倍，唯有这样才能保证投入的资源具备足够的发展空间来获得相应的回报。你要做的就是如实汇报企业当前的规模、分析未来的前景，给 VC/PE 留下想象的空间。

2. 利润

融资的第二个标准是利润。如果你的企业连年毛利润率都未能达到

VC/PE的设限，就表明你的企业不具备高增长性。利润也是投资方最为关心的一条标准，如果没有利润率，投资方就无法把股份通过并购卖给新股东，也无法在上市后股票自由流通的时候将其卖掉套利。

3. 定位

如果VC/PE问："你的企业和产品是如何定位的？"其实是在问你你的企业针对的是哪一个细分市场、打造的是哪一种特定的产品。

如果初创企业的经营方向过于分散，则注定会因为资源实力不足而导致失败。因此，初创企业大都会集中资源攻占某一个特定的细分市场，并且只有足够独特不易被别人复制，企业才容易存活和发展壮大。

4. 排行

VC/PE之所以会关心"你的企业目前居于同行业中什么位置"这个问题，原因就在于，一旦你的企业居于同行业的排行榜上，甚至排名比较靠前，投资方就不需要投入更多的钱，只需借助排行榜的放大效应，往往就能够使企业业务得到明显增长，并进一步扩大企业影响力、快速提升知名度。反之，如果你的企业在同行业中称得上"名不见经传"，就需要投资方投入更多的钱、花费更长的时间才能达到上述的效果，而这是投资方不愿也难以承受的。

5. 品格

VC/PE若有投资意向，通常还会对你这样说："我们谈谈你个人和核心团队的情况吧。"这就是在考察你的品格。投资方最想听到的答案是："创业这件事已经渗入了我们的骨髓，我的团队中一些成员甚至放弃了大公司的高职位、高薪水来和我一起创业，经历诸多困难之后，我们创业的精神反而越发高涨……而且，我们在尊重股东的前提下追求双赢、多赢，因为如果没有各方面的资源支持，我们的创业根本无法成功"，诸如此类。

这样的回答虽然只字未提技术、优势等，但却最容易说到投资人的心坎上。毕竟，创业本身就是风险极大的冒险，若是对创业不能达到痴迷、坚持或团结，是很难见到天亮那一刻的。

当然，决定 VC/PE 最终是否投资的因素还有很多，关乎企业多方面的综合实力，更需要企业长时间的努力。企业不断提升自身的实力的同时，也提升了融资成功的概率。

专业牌（上市期）

一提到资本市场，许多互联网初创企业的创业者第一反应通常是——高不可攀的资本市场离我太远了吧！

殊不知，资本市场并非是那些商业巨鳄的专利，互联网初创企业同样可以利用它。

在资本市场中，上市往往不是企业的最终目的，企业的目的是为了扩张资本，更好地进行融资。

★ 上市使企业更有价值、更值钱

企业上市就像一场马拉松长跑，这个过程中有无数艰苦细致的专业性问题要注意，并且上市之后马拉松的赛程还会更长，因此初创企业要打好这张“上市牌”。

关于上市融资，你应该知道的事如图 2-7 所示。

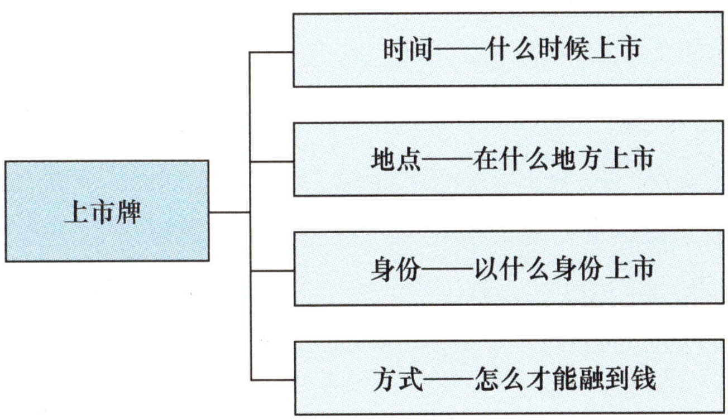

图 2-7　打好上市牌的关键

1. 时间——什么时候上市

上市的时间由外部和内部两个方面决定。外部要求资本市场足够活跃，例如，在 20 世纪 90 年代末，由于国际资本市场对互联网企业的热捧，推动了国内外大批的互联网企业上市。而内部通常要求企业本身具有广阔的市场空间、高利润率、规范的运营和较大的规模。

2. 地点——在什么地方上市

无论在国内还是国外上市，企业都免不了要考虑上市、融资的难易度以及上市成本。通常情况下，国内的上市门槛较高，融资成本较低；国外的上市门槛较低，融资成本较高。

3. 身份——以什么身份上市

例如，一个集团公司面对上市的需求，决定以综合性集团整体，还是剥离部分资产以若干独立公司的身份上市，等等。

4. 方式——怎样才能融到钱

初创企业的高成长性，是上市融资的关键。

例如，假设你是个卖花的小企业，如果你具备了快速占领广大市场（包括互联网）的连锁加盟商业模式，并且利润率又很高，那么出于你的高成长性，股市和中介机构就会更加青睐你。正如我们都知道一买股票买的是未来。

更具体的上市融资落地策略我们将在 PART 3 详细阐述。总之，企业上市完全是为了融资。而在上市融资的过程中，企业还能够获得许多看不见的附加价值，例如，提升品牌的知名度，增强企业在国内外市场的竞争力，进而促使企业将自身打造成规范、可持续发展的优秀企业。这是初创企业的企业家实现个人成功和企业价值的重要途径。

分析3　换位思考，假如你是VC，哪类创业者具备吸引你的本事

融资之思——为何要吸引资本、获得资金支持

如何招贤纳士？

怎样解雇高层？

应该从好友/对手的公司挖人吗？

顺境时/商战时分别该做些什么？

如何建立未来的企业文化？

该不该卖掉辛辛苦苦成立的公司？

……

这些几乎是每个创业者在创业过程中都会遇到的难题，然而商学院不会直接告诉你答案，也极少有人真诚地向你诉说互联网创业这套华丽外衣之下无法想象的艰辛。

当创业徘徊不前时，你需要先换位思考，假如你是VC，会不会给这样的企业投资？创业不是儿戏，不是你往投资人面前一站，对方就肯为你出钱。吃透以下六大关键问题，有助于你在日后摸准资本的心理，提高融资效率，让融到的每一分钱都发挥应有的价值！

是否有良好的创业素质

如果总结创业者所具备的特征，也许你会说出激情、专注、乐观，这都没有错。然而，仅仅具备这些素质是不够的。就像托尔斯泰说的“幸福

的家庭都是相似的，不幸的家庭则各有各的不幸”一样，成功的创业者也都是相似的，而失败的创业者的原因则各有不同。

认清成功创业者们的共性，并借这些共性反观自身，你至少可以清楚自己身上具备的那些素质是否适合创业。而如果创业，就要思考到底是成功的可能性更大，还是失败的可能性更大。

★ 先别着急融资，创业不是儿戏，请自检是否具备良好的创业素质

创业是一项极富挑战性的社会活动，并且会对创业者自身的能力、智慧、胆识、气魄等做出全方位的考验。如果你想成为一个真正意义上的创业者，必须具备以下基本创业素质。

1. 行动派

从某些角度来看，那些只有一个概念而尚未拥有具体战略措施的人可能更具备成为一位创业者的素质。

一位真正的创业者必须时刻在行动中不断探索，而不应总是花大把时间伏在桌前写一些极尽完美的商业计划书。这就像通常那些生活经验丰富的人们之所以拥有能够积极解决问题的能力，并不是因为他们读的书更多，而是归功于他们在处理问题的过程中不停思考的智慧。

2. 适度缺乏安全感

其实，很多看上去雄心勃勃的创业者，他们在内心里对创业是缺乏安全感的。但是，只有害怕失败的人才能够格外专注，并且愿意采取一切行动来取得成功。如果你认识到自己缺乏安全感，这并非坏事，不妨利用这种情绪来进一步激发自己的潜力，进而实现自己的商业目标。

3. 重视现金流

对初创企业而言，遭遇拿不出现金支付账款或工资的窘境是常事。

在创业初期，你甚至可能会动用自己的私人信用卡支付各项费用，但这显然不是长久之计，也维持不了多久。你真正需要的是用现金流来维持生计，这一点哪怕在你拥有世界上最好的公司时也同样重要。

4. 不满足现状

对于现状，创业者永远不应满足。真正的创业者总会提出更多、更新、更好的主意，尽管这些主意并不一定被他人赏识，甚至还会经常让自己备受指责。

5. 偏执狂的态度

真正的创业者通常会因为特立独行、固执己见或异常苛刻而不被大家接受，但这并不一定是坏事。因为与众不同而不被接受的境遇，往往会令他们为了证明自己而更加努力工作。

6. 满足需求

在许多人发现市场存在需求空白却举棋不定的时候，那些真正的创业者总是能够适时抓住机会去满足这些需求并取得成功。真正的创业者不仅会想办法解决问题，还会逐步采取解决措施。

7. 集思广益

当自己周围有一群比他更聪明的人时，真正的创业者会极力让这些人发挥各自的作用，并能够听取他们的各种意见。

那些唯命是从的员工是不被真正的创业者所喜的，他们喜欢与那些经验丰富且不断做调查研究的人交流沟通，以尽可能多地收集信息帮助自己做出正确的判断，而并非单纯靠碰运气行事。

8. 无所畏惧

在大多数人规避风险时，真正的创业者却可以从中看到潜在的机会。他们无所畏惧，甚至不惜抵押房产、透支信用卡来破釜沉舟似地筹集创业资金。可以说，在某种程度上，那些真正的创业者完全是终极的乐观主义者，这一切都源于他们具备坚定的信念，相信他们投入的资金和时间必定会有所回报。

9. 永葆激情

真正的创业者拥有无尽的能量和激情来支撑、激励他们进行长时间的工作，哪怕团队其他人都已休息，只剩他一人。

10. 可塑性强

如果你只停留在一种固定的运营模式上，获得成功的概率自然就会很低。而如果你愿意倾听、喜欢倾听，你的顾客就会告诉你到底哪些产品或服务能够给你提供最大的价值。

11. 利用资源

将创造力、乐观精神与世俗智慧这三者相结合是成为真正创业者所必需的能力。创业者本身并非需要拥有足够的资源，而是需要学会如何最大化地利用好手里已经具备的资源。

12. 勇于自省

创业者往往没有直属上司对其进行监管，因此就需要持续不断地进行自我评估。而这就需要随时获取周围反馈而来的意愿，并时刻以此来进行自我提高，并且不能忽视那些被动反馈信息，如客户投诉或是被竞争对手反超等。

13. 乐于挑战

在遇到巨大困难的时刻，很多人会尝试躲避，或是干脆就此放弃，而真正的创业者却会选择迎难而上。面对挑战反而会激起他们的斗志，激励他们更加努力地工作。在他们的眼中，任何困难都不是难以征服和逾越的。

14. 迅速恢复

那些成功的创业者其实都很容易失败，并且也经常遭遇失败。但是，与失败者的区别就在于他们重整旗鼓的速度极快。他们在遭遇失败后，能够迅速遏制住沮丧遗憾的心情，不沉湎于那些消极情绪，而是调整以后继续朝着正确的目标前进，直到取得成功。

15. 努力工作

任何一位创业者的成功都离不开他们高度专注于自己的工作，任何情况都不能打断一位创业者的努力工作。

是否有大道至简的产品

当互联网创业者经过千辛万苦，终于推出自己产品的那一刻，必定会兴奋不已，可是一旦拿到一些用户面前，却连对方的一点点兴趣也引不起。

★ 移动互联网时代“大道至简”，没人愿意在产品 / 服务上浪费时间

“大道至简”是互联网时代创业的重要法则。

大多数用户体验都是基于产品之上的，因此如何打造好产品毋庸置疑会影响企业的生存。此处的产品是指广义上的概念，**即包括有形产品与无形产品（服务）在内。**在互联网时代，无论从消费者，还是企业等所有市场主体的角度来讲，产品战略都显得越发重要。

如今，传统的商业形态正在持续不断地遭受互联网的冲击，用户的话语权在这个阶段越来越强。同时，大众的审美观正在追求简单化，例如，不需要多费脑筋思考的综艺娱乐节目、更加简洁直白的互联网社交平台、中间环节操作简单的购物模式等，这已然是一种愈演愈烈的趋势。

如今的消费者对于产品的选择太多，选择的时间又太短，其耐心程度越来越不足，转移喜好的成本太低（线下从一家门店移步进入下一家，线上只需要轻轻敲击一下鼠标），因此，互联网创业者必须在短时间内抓住用户的兴趣。

回顾几年前的支付宝，进入“我的支付宝”页面后，最上面是一排繁杂紧密的导航栏，左侧是多重的目录，右侧则是常用的功能模块，中间留作内容页。这与其他网站的用户个人页面没什么两样，在当时，这四大部分的组合堪称互联网界的“标配”。

而在 2013 年 7 月，支付宝在其不断改版的进程中迈进了“疯狂的简洁”模式，将所有的功能导航分化为两大部分：“账户现状”和“资产动态”。

2015 年 7 月 8 日，在支付宝发布的 9.0 版本中，加入了“商家”和“朋友”这两个新的一级入口，用以分别替代之前的“服务窗”和“探索”，并由此切入了线下的生活服务及社交领域。

2016 年 1 月 12 日，蚂蚁金服对外发布了 2015 年支付宝年账单。账单显示，2015 年互联网经济继续保持高速增长。统计还显示，2015 年移动支

付笔数占整体比例高达65%，而2014年这个数字是49.3%。[6]

无论是支付宝页面的改版（如图2-8、2-9、2-10所示），还是年度账单的推出，都不仅仅是追求单纯的简约，而是出于对用户的需求有了深刻洞察之后的践行。

图 2-8　支付宝登录界面“你是中心”体现了对用户需求的尊重

图 2-9　支付宝改版前的界面风格示例

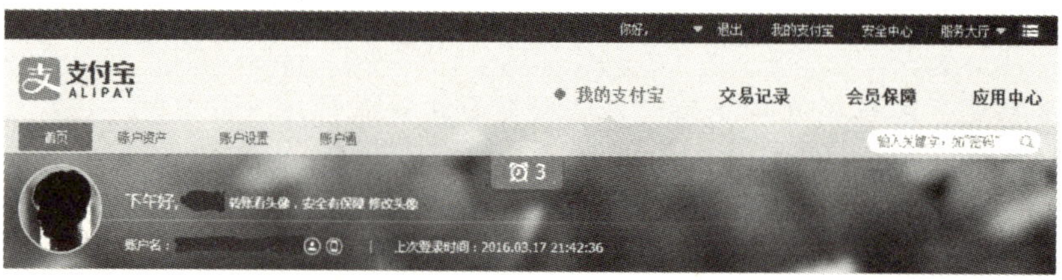

图 2-10　支付宝改版后的界面风格示例

支付宝账户已经越来越接近一个资产账户，即大众普遍所理解的银行账户，使人们更容易对自己当前或整体的财务状况一目了然。

所谓“大道至简”，用另一个词高度概括——“一切从简”。

“一切从简”看似简单，但其完全可以作为一家企业在开发产品或服务

[6] 数据来源：百度百科支付宝官方数据。

上所应展现出来的素养与修为的代表。总体而言，它包括以下 3 个要素。

1. 外观简洁

所谓外观简洁，就是“一目了然”。

一眼看上去就对所有的内容有所了解。例如，呈现给用户最简单的网页界面，提供给客户最简洁的产品，而把复杂的逻辑和程序放在背后。

2. 使用简单

所谓“使用简单”，就是“一键到底”。

使用起来并不用去记住那些复杂的操作程序、各个功能的键位位置，只要一键就可以直达所需的功能或是找到想要的界面。

3. 语言简化

当你所提供的产品和服务能够快速地被客户看到价值，并能用简化的语言来对其描述进而传播，效果必定事半功倍。

在这个互联网逐渐占领人类心智资源的时代，人们是没有时间和耐心看你摆事实、讲道理、论证结果的。用户需要什么以及资本最想看到什么样的产品与服务，你就应该把它们以最简单直接的方式呈现出来，只呈现结果，并将过程埋藏在背后。

是否有很大的增长空间

你所处的行业、你带来的产品 / 项目是否具有光明的前景、是否能赚钱是投资人一直关注的问题。近几年，新兴的互联网行业正在以摧枯拉朽之势改变着传统行业，而其疯狂的吸金能力，也使得互联网初创企业的诞生速度曲线呈现陡直向上的态势。

★ 对于资本而言，投资没有增长空间的企业 / 项目还不如去买股票

尽管互联网行业风风火火，呈爆炸式传播，引人关注。但在资本眼中，这并不代表你就能为他们赚到钱。换言之，如果你不能证明你的企业在未来有很大的增长空间，那你后续的融资就基本没戏了！

想要吸引投资人的目光，首先创业者要清楚知道你的企业 / 项目在未

来有多大的“增长空间”，以下几个关键点可以帮助你仔细分析这个问题；

- 你所在的市场还有多少增长空间？
- 你所处的行业最近的市场增长率是多少？
- 你所在的市场存量是多少？
- 你进入的市场总量有多大？
- 驱动你增长的因素是什么？

增长空间的关键词是“增长”和“空间”，分析未来增长空间见表 2–3。

表 2-3　分析未来增长空间示意表

目前市场需求	
未来发展潜力	
增长空间分析	1. “增长” ①　　② 2. “空间” ①　　②

在做具体分析时还应结合以下几点：

1. 项目（产品 / 服务）是做什么的

例如，是专注某一行业及其“互联网 +”应用，主营 ×× 产品。

2. 项目（产品 / 服务）主要面向哪些用户

例如，主要针对的是 80/90 后用户群。

3. 项目（产品 / 服务）有什么样的创新点

例如，大众消费、高端体验、广告引流等。

4. 项目（产品 / 服务）能够为用户创造什么价值

例如，为用户提供高品质的 ×× 用品或便捷的购物体验。

5. 项目（产品 / 服务）的销售（盈利）模式是怎样的

例如，通过实体店与线上销售平台相结合的方式，实现 O2O 全方位服务。

分析以上问题时的具体数据要客观且注明出处。

总之，你要尽可能让资本方看到未来市场对企业产品及服务的需求，并相信你的企业有足够的潜力和能力来满足，否则就还不如去买股票更赚钱！

是否有清晰的商业模式

商业模式是指企业提供哪些产品或服务，用什么途径或手段，向谁收费来赚取商业利润。

就像电脑品牌商戴尔和联想在销售的产品本质上没有多大区别，但是，戴尔的直销盈利模式却不同于传统的电脑销售，其相应的核心竞争力是全球直销网上管理系统。

商业模式是否清晰决定了投资方能否在短时间内做出决策：你的产品/服务能不能赚钱？

★ 清晰商业模式的 3 个关键—事、钱、人

一个清晰的商业模式无论如何都离不开以下 3 个要素。

1. 事——干什么事

麦当劳提供汉堡和炸鸡；苹果提供电脑和智能电话；医院提供医疗和护理服务；银行提供存款和贷款等服务……

那么，你的企业是否能提供特定的产品、技术或服务？

2. 钱——挣什么钱

任何一种模式都要有具体挣钱的途径和方式。例如，肯德基卖汉堡、炸鸡以及苹果销售电脑、智能手机，都是从消费者处收钱；医院收取挂号费、检验费、药费、治疗费等；银行提供贷款，需要贷款人缴付利息等。

3. 人——与什么人合作

再好的商业模式最终也离不开人与人之间的合作。想清楚你将与哪些资源方合作。

综上所述，“干什么事”的背后其实是你需要利用自身资源去创造价值；“挣什么钱”的背后其实是你所创造的价值必须有“钱”作为回报，否则公

司将无法维持正常经营；“与什么人合作”的背后其实是你需要不断地去拓展外部资源，进而在维持的基础上拓展公司的经营——而这3个要素背后所隐藏的其实就是资源与资源之间的交易，即一个清晰的商业模式应包含的要素。而这些要素决定了你的商业模式能否成功，在投资人面前是否有足够的吸引力！

是否有稳定互补的团队

创业团队是初创企业发展过程中的核心因素，也是一个企业人力资源的核心。

互联网行业的初创企业与普通企业略有不同的是，在科技发展迅猛、用户需求日趋个性化、多元化的今天，创建一支团队的时候，创业者不仅仅要考虑团队成员相互之间的关系，最重要的是要考虑团队成员之间能力、资源或技术上的互补性，既能充分发挥个人的能力和经验优势，又能够使成员间的搭配更加合理，如此创业成功的可能性才会越大。

★ 组建创业团队本身，就是一次资源整合的过程

要打造一支拥有强大战斗力的优秀团队，团队成员间必须具备匹配性、互补性以及完整性，否则就会造成先天不足。

1. 互补性

团队成员间的优势互补，相对容易做到，但一定不能走极端，除非团队成员之的磨合已经相对完善，具备了一定程度的稳定性。否则，一旦对个人的约束力较小，出现岗位空缺的危险将大大增加，这里有一个不错的解决办法，就是有针对性地储备人员。劣势包容是实现优势互补的一个前提，这一点不仅常被忽视，而且不容易做到。优势互补主要是指相互帮助的同时，之间不存在竞争；劣势包容则除了需要相互付出之外，还存在竞争（一旦优势不具备可比性，可以比劣势）。

2. 匹配性

一个团队能承担的任务量，与其主体构成息息相关，尤其是其中的核

心骨干。这些核心骨干就相当于一个建筑中决定建筑承载量的支撑结构，在质量达标后各个建筑构件之间的匹配性至关重要。除了团队的主体构成能够决定团队的整体水平之外，团队领导者的能力更加不能忽视。若是在方向没有偏差的情况下，团队努力工作却仍然不能完成任务目标，那么问题往往就出现在团队的匹配性上。

3. 完整性

一个完备的团队，领导、骨干与储备人员这 3 个方面都不可或缺（见表 2-4），否则就是一个存在缺陷的团队，无法担当大任。

表 2-4　完整创业团队的 3 个方面

对象	描述
领导	一个团队，不可能群龙无首，领导就是这个“首”，而领导是否合格、称职对于团队整体来说至关重要
骨干	骨干与领导一起构成了团队的主体结构，每个成功的团队和领导都离不开精英骨干，缺少骨干的团队必定无法成就大事
储备人员	储备人员放在团队内或团队外皆可，没有这些储备人员就没有竞争，而失去竞争就相当于失去了前进的推动力

企业是否有核心竞争力

每一种成功的商业模式都可以被模仿，但是，成功者却极少，这皆因模仿者大多缺乏自身的核心竞争力。优秀的初创企业必须具备与构筑商业模式相对应的核心竞争力。

★ 核心竞争力模仿不来，专一、创新才能吸引投资人注意

核心竞争力领域的内容包含十分广泛，如领导者、股东结构、团队、产品、研发、专业度以及业务管理模式等。对初创企业而言，最能吸引投资人注意的有以下两个核心竞争力。

1. 专一性

专一并不意味着“单一”，而是指企业在某一特定领域内具备深度挖掘、拓展产品或服务的一种能力。

以双汇集团为例，其在肉制品领域中做到了绝对的专一，于肉制品领域之外的行业均不涉足。双汇集团产品线可谓十分丰富，在冷鲜肉、火腿肠等肉类加工产品领域有着强大的深入挖掘以及拓展能力。而相比之下，曾经同样为肉制品行业龙头企业的雨润食品却坚持多元化发展，先后涉足房地产、旅游等业务，由于管理层精力分散，导致业绩整体滑坡。

可见，企业的主攻方向以及发展战略都可以通过专一性来决定、落实，坚持不懈必定有所成就。

2. 创新力

大多数投资方更愿意相信，优秀的创业团队以及已经能提供高质量产品或服务标准的先进工艺、流程、发明专利等更具有竞争力。虽然纯粹的技术并不足以构成永久强劲的核心竞争力，但是某一领域的，如创新的专利等这类技术壁垒，却能够让企业在一段时期内保持领先优势！

分析 4　路演当道，你能否把握机遇为融资锦上添花

融资之思——吸引资本需要路演助力

当你历尽千辛万苦终于踏上互联网创业之路，却因为没人、没钱、没投资而停滞不前时，就要换种方式打破僵局，如路演等。

近几年，路演在我国持续风靡，并被个人和企业成功运用至各个领域：电影发布会、产品试用、新闻发布会、产品展示、产品发布会、优惠热卖、以旧换新、文艺表演、有奖问答、礼品派送、现场咨询、填表抽奖、游戏比赛等。

当然，判断一个创业项目是否有投资价值，投资人或许会有自己的一套标准。但在互联网创业项目漫天飞的当下，凭什么投资人会看中你的项目，你的项目有什么“非投不可”的价值？通过路演，投资人往往

更容易看清其中真相，找到想要的答案。

路演是时下热门的融资方式之一，但我们不能等到没人、没钱、没投资时才想起路演，而是要提前准备。毕竟，路演不是玩票，不需要“雷声大，雨点小”的做作演绎。想撬动资本市场的杠杆，没有两把刷子就别提创业了！

别等需要融资时才想起路演

登上路演融资的舞台挥洒自如并非易事，尤其是在你初次尝试路演的时候，此时你的心情可能是紧张、焦虑或是夹杂着兴奋，总之可谓五味杂陈。

因此，路演要尽早准备，等到需要时才想起演练就为时已晚。机会永远留给有准备的人，准备不充分，势必会影响路演融资的结果。

★ 路演融资并非想象中那么难，关键在于提前了解、做好准备

很多时候，创业者急于在资本面前推销自己的企业 / 项目却又不得章法，其实，路演并非你想象中那么难，它有一定规律可循。

1. 新时代的路演不仅要吸睛，更要创新

李克强总理在经济“新常态”下，号召“大众创业、万众创新”。在这种时代背景下，中国众多的创业者、企业家对于融资的需求已经达到前所未有的高度。

而如今，随着微时代的到来，各种资讯内容越来越丰富，信息传播的速度越来越快，但是人们消化信息所需的时间却非常有限。

这就要求信息的提供者（包括创业者）必须向受众呈现出更具冲击力、黏性和能在短时间内抢占眼球的高质量内容。因此，在内容呈现的形式上就离不开创新。

2015 年 12 月 18 日，在第二届世界互联网大会[7]闭幕式上马云提到：“IT”

[7] 第二届世界互联网大会：由中国国家互联网信息办公室和浙江省人民政府联合主办的第二届世界互联网大会（乌镇峰会）在浙江省乌镇举行。

时代进入到"DT"时代,"IT"中的"I"是指"Information",即信息,而"DT"中的"D"指的是"Data",即大数据。

IT 时代是"以我为中心",DT 时代是"以别人为中心";IT 是"只有我知道",DT 是"创造新的东西"。

未来的时代,将会是 DT 时代——以前是越封闭越好,未来是越开放越好,这是思想观念的变革。

我们当下正在经历的技术革命,可以说是基于互联网释放人类大脑智慧,并从 IT 时代过渡到 DT 时代的发展性革命。

因此,微时代的路演也要改变固有的思维观念,在抢占眼球的同时,更要进一步创新。

2. 面临各种复杂问题时,控制好主路演时间

或许路演者会面临一些复杂、突兀的指标性压力,但这都可以被视作成功融资的基础。

通常,如果将路演的时间进行详细划分,可分为两部分——主路演时间和附路演时间。

以 PPT 的应用为例,在主路演时间阶段,你需要通过演示 PPT 内容,向投资人讲述自己的创业故事,展示你的融资项目、团队成员以及发展愿景等。

而在附路演时间阶段,你需要播放一些与项目内容配套的幻灯片来深入诠释你的项目。

一般而言,路演的整个过程需要播放 30 ~ 60 张 PPT(普遍在 40 张左右)。其中,主路演阶段使用 20 ~ 30 张,附路演阶段使用 10 ~ 20 张。

3. 想获得投资,至少要解决一些痛点

要打造一场成功的融资路演,从故事入手是常态,紧随其后的是介绍行业痛点,再给出你的解决方案,最后来阐述愿景。

而在路演中,关于你的产品 / 项目所能够解决的那个行业痛点,务必要提及。甚至关于"痛点"的问题你需要着重在路演中提及,但如何提及

要视具体情况而定，例如：

- 你是如何发现这个行业痛点的？
- 你要解决这个行业痛点的原因在于什么？
- 你所提供的确定是最优解决方案吗？
- 如果你募集到资金，能否帮助更多人群解决“痛点”问题？

4. 描绘一幅蓝图，告诉对方获得资金之后怎么办

一旦投资人准备给你投资时，一般会问及“你打算如何使用这笔资金”这个问题。而此时你若是回答：“我们将用一半的资金来做市场营销，另一半资金用来开发项目。”诸如此类的回答都将是让人极其失望的！

面对问题，你需要描绘出一个更细致全面的财务模式，至少要将蓝图规划到未来的 2 ～ 3 年为止，这其中要包含运营成本、收入增长、潜在利润等。

更为重要的是，你必须清楚地了解不同部门之间的资金应如何分配。

如果再进一步的话，你甚至要了解项目中每一细小环节的资金应如何分配。

在你已经对投资回报率有过一个大概预测的情况下，一定要详细地向投资人阐述。

路演结束后，最好设置一个问答环节，以便让潜在的投资人能够进一步去了解你的竞争优势。对投资人提出的各种问题和做出的任何反馈，你都需要一一做好解答和记录。

如果你能将上述的 4 个要素循序渐进地应用到每次路演当中，你在路演过程中出现的问题必然会逐渐减少，路演水平也必定不断提高。

吸引投资人注意力的 3 个关键

理想丰满，现实骨感。

虽然做了一定路演前的准备工作，但也未必就能成功吸引投资人的注意。

★ 投资人的钱不好“骗”，多花点心思吸引投资人注意吧

你要知道，坐在你面前的投资人个个都是翘楚。想捕获他们的“心”，你还需要多花点心思。

要想吸引投资人注意力，有 3 个关键。

1. 找到你的目标听众

国内各大城市如今的路演活动，形式可谓五花八门。但是，许多路演者直到走上路演舞台中央的一刻，才会如梦方醒——路演究竟是为了谁？

如同一次没有目标的射击，其结果自然是难以击中靶心。一场漫无目的的路演，也自然难以“击中”投资人的心。

无论在路演现场的听众有多少，都未必是你的目标听众。再精彩绝伦的路演表现也很难“击中”在场所有人的心。

你需要做的和能做的，就是迅速“捕获”属于你自己的目标听众，再投其所好、有的放矢。

2. 链接投资人的利益

路演时一定要清楚，你的每一句话都必须关乎投资人的切身利益，否则，你所说的一切都只是在讲正确的废话。

不同的投资人，对“利益”的理解、关注点也不尽相同。以融资路演为例，银行机构偏向关心安全，天使投资则更关心回收。当然，这并非代表这些投资人就不关心其他的。

就整体而言，“利益”一般包含两个层面：收获理智和收获情感。

在路演中，如果能够满足听众两个需求中的任意一个，你的成功率必将高达 50% 以上。而若是能够同时满足两个需求，你将发现成功从未离你如此之近。相反如果你未能满足其中任何一个需求，失败也将不可避免。

3. 化繁为简说明优势

投资人是否愿意投资，往往不因路演者向其展示出了多么富有专业性的行业知识或是多么口若悬河的演说才能，却会因为路演者所展示出来的内容既简单明了又能够解决实际问题而做出投资决定。

路演中，那些华丽却无多少实际意义的附加内容甚至会成为累赘，可以适当删除，而那些能够一针见血的内容关键点则需要保留。

如此一来，通过一些较为简单的回答，你就可以渐进地说明自己所具备的优势：

- 利用自己现有的优势去捕捉更多市场机会；
- 将优势转化为一个可持续的系统；
- 将无限可能变为更高概率的有限可能。

总之，一定要通过有的放矢的陈述和巧妙的回答来发挥出你的长处，做出真正专属于你自己的、成功的路演！

明确路演目标，打有准备之仗

当你不确定自己的路演的目标时，你就像是走到了一个分岔路口，犹豫不决、摇摆不定。你的目标是什么？你想达成什么样的路演结果？这个结果是不是对方（投资人）期待的……

对于类似上述问题，你完全没有头绪。

★ 当你和你的团队目标足够清晰时，才有机会打赢一场有准备之仗

路演中的一个核心，即你与你的团队要有足够清晰的目标。

若是将市场中那些有融资需求的创业者统统进行分类，基本可以这样概括：

- 典型的融资者——这些人总是追逐着机会，习惯去拿别人的商业模式进行模仿；
- 稍高一筹的创业者——这些人通过自身具备的技能以及后天学习到的知识，于市场中能够博得一席之地；
- 成功的创业者——这些人善于利用自身的优势，能更为合理地配置外在资源，从而获得各种超越的可能；
- 伟大的企业家——这一小部分人群除了具备上述的所有优势，与其他

创业者相比还更加清楚自己的未来方向和具体的目标。

你需要做的，就是如同伟大的企业家一般，明晰并努力达成你的路演目标才能博得资本的青睐和支持。

若要达成你的路演目标，给予投资方期待的结果，必须注意以下 4 个关键点。

1. 角度

在路演的准备阶段你就必须要从听众的角度出发，思考：**投资人真正关注的是什么？他们需要什么？他们对你的路演主题了解多少？持有什么样的看法？**诸如此类。

唯有考虑清楚这些问题并针对问题做好准备之后，你的路演才更容易吸引投资人的关注且得到他们的深刻认同。

2. 方式

通常，投资人的态度（支持或反对）都会很明确。那么，在投资人持支持态度的时候，你该如何达成自己的路演目标？

最好的方式就是直入主题，在路演初始就抛出那些他们容易接受和支持的内容。例如，经调查发现，通常情况下，如果工资上调的幅度够大，大部分员工即使每周工作的时间再延长一天也不会有任何怨言。而你在路演伊始就可以从调薪和延长工作时间这个方案讲起。

当投资人持反对态度的时候，你又该如何达成自己的路演目标？

如若投资人对你的路演主题持反对态度，你就应该着手从与投资人具相同立场的地方谈起，务必要找到你与投资人之间的共鸣，再去开展接下来的内容。

3. 实现

人作为一种理性生物，趋利避害是其共性，投资人也不例外。如果你在路演中将投资人的利益忽略，哪怕你说破天也是徒劳。因此，要在投资人利益能够得以保障的基础上来建立你的路演目标，况且，只有保障他们的利益，才能最终实现你的路演目的。

这种“利益”可以是物质或精神上的，同时也可以是美好的愿景或是你对未来的具体承诺。

4. 结果

无论你的路演对象是投资人还是消费者，也无论你的路演结果是成功融资抑或吸引了多少消费者。从根本上来讲，目的无外乎是要让你的路演对象被你的路演内容所深深吸引，继而对我们的路演内容信任有加并最终追随你的“脚步”，只有这样才算真正达成了你想要的路演结果。

明确你的目标，唯有击中靶心才能交出令投资人称心如意的答卷！

路演 PPT 你真的准备好了吗

路演 PPT 的准备过程看似简单，但稍不留神就容易陷入误区或者其变成了只是简单的幻灯片堆砌。

例如，很多创业者会把找产品发行商与找投资的内容混杂在一份 PPT 中，造成主次不分，令投资人认知困难，不知所云。

某团队在产品路演中，PPT 演示的第一页除了公司名称之外，满屏都是团队介绍。路演者不遗余力地介绍团队：“本公司创立于 2012 年，原始团队皆出自某国内著名开发项目组，每个人都极富产品研发及运营经验，后来又陆续吸引了 ×× 等公司核心人员的到来。”

当路演者打开第二页 PPT 的时候，屏幕上尽是各个公司核心主创人员的介绍，例如，公司 CEO 张 ××，之前供职于某著名项目组，拥有 11 年的某行业从业经验……

该路演者仅就这些内容将路演推进了近 10 分钟，而底下的听众们早已经烦躁不堪了。

路演中应用的 PPT，如果前几页甚至更多都只是在做公司团队的介绍，并企图以此来彰显公司团队实力如何雄厚的话，除了有卖弄之嫌，还可能顾此失彼，使听众不快甚至难堪。这种“彰显实力”的做法还会导致台下的听众产生一个疑问："你来这究竟是拉投资，还是显摆自己的实力？"

★ 互联网创业团队的 PPT 至少应该看起来不那么"业余"

PPT 的可贵之处就在于它可以取代那些繁琐的语言，从而更为精炼地表达观点；可以取代苍白无力的文字，利用精美的图片及短片使内容更加生动精彩。PPT 所能起到的效果远远要比你站在路演台上对投资者口若悬河的吸引力更大。

记住，你呈现出的 PPT 代表的是整个创业团队，不要让投资人觉得"业余"。

在制作 PPT 的时候，一定要注意以下几点。

1. 开篇

你在路演进行的第一步可以从介绍自己开始。

例如，向听众介绍你的身份：大家好！首先我是 ×××，我要以这个身份与大家交流；另外我是 ×××，而我要以这个身份与大家分享心得。

2. 简介

路演时可以先展示一张幻灯片，用以指示你接下来的演说内容梗概，让所有听众做到心中有数，知晓他今天在这里能够得到些什么。

3. 标题

你在路演中的任意一个环节都需要设置相应的定义标题，所谓的"定义标题"就是将每个环节的内容分别精炼成一句具有高度概括性的话，并且要立意清晰、简单易懂。

4. 图片

不要放过任何一个可以用到图片的地方，但切记不可偏离主题，挑选或制作与路演内容相关的、最为匹配的图片。若是没有合适的图片，也可以应用带有精炼文字的格式框架。图片信息的优势就在于，对于人类的大脑而言处理图片要比处理纯文字信息简单得多。

5. 案例

当你在路演中论述一个观点的时候，在其中间穿插一些代表性十足、经典的案例可能会起到意想不到的效果，因为这些案例可以佐证你提出观点的正确性，这就是所谓的“案例见证”。

6. 故事

借助人物、情节、地点、时间等要素齐全的、完整的、与路演内容相关的趣味故事，可以在路演中达到起承转合的作用。故事与案例见证的不同之处在于，案例通常简短有力且真实性高，更能够让听众信服；而故事的应用，则是让整个路演过程更具趣味性，从而拉近与听众之间的距离，还能够使整场路演的连接更加紧密。

7. 视频

如果在故事的应用中能够再添加一些相应的视频，则可以起到提升故事趣味性的作用，对于抓住听众的注意力助力极大。

8. 结尾

在路演的收官阶段不要忘记以真实可信且引人入胜的愿景结束本次路演，并且也需附上相应的 PPT 幻灯片或短片等内容。

让路演更完美的商业计划书

商业计划书是在路演前让思想落地的载体，同时也是融资的“敲门砖”。

要成功打造一份几近完美的商业计划书，让投资人喜欢才是王道，因此必须要投其所好。

财力雄厚的投资机构每天会收到成千上万份的商业计划书，但最终受到他们青睐的却屈指可数。而投资人根本不可能快速处理完那些收到的海量申请，在无人事先引荐的情况下，若是你的计划书又“分量不足”，就很难纳入他们的考虑范围。一个现实的悖论问题横亘在你的面前，那就是投资者基本不会向没有经验的人投资，但从未获得过投资又谈何获得相关的经验呢？一旦出现这个问题，你就应该带着计划书转而去找熟人或天使投资人。

★ 投资人不是只会嗜血的野兽，他们只是期待一份完美的商业计划书

投资人并不是嗜血的野兽，他们所做的不过是忠于自己的职守而已。通

常他们所期待、看好的商业计划书一定包含以下几个要素，如图 2-11 所示。

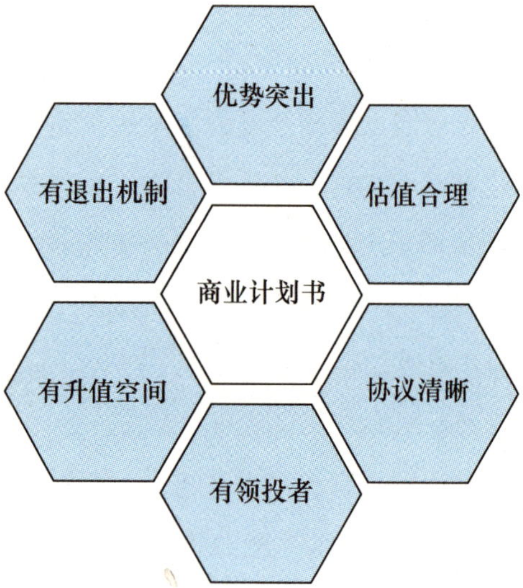

图 2-11　投资人看好的商业计划书应包含的要素

1. 优势突出

实体化的产品在发展前景上往往比服务型产品要更容易预测，这也正是投资人对服务业缺乏兴趣的原因。

2. 估值合理

估值是一个看似虚幻的事物，简单来讲其可以通过你的计划融资额除以你用于交换的股份比例得以体现。例如，如果你想用公司 50% 的股份来交换 2000 万美元的资金，这也就意味着你企业的估值为 4000 万美元。但是，离谱的估值则会让投资人觉得你荒唐无稽、不知所谓。

3. 协议清晰

关于协议等专业性领域，需要向律师等专业人士征询意见。例如，本次的投资交易是否具有合法性，用公司的多少股份交换多少资金才最为合理，以及日后融资时那些可能会出现的股权稀释问题等。

4. 有领投者

在拿出其他投资人准备一起投资的商业计划时，融资成功的概率会更大，因为投资的人越多给其他投资人带来的安全感也会更高，这也是许多投资人通常不情愿成为交易中唯一投资者的原因。

5. 有升值空间

例如，无论现在一家公司有多少价值，但在 3 年之内该公司的价值有可能提高几十甚至上百倍。

6. 有退出机制

让投资人看到你已经提前为其做好了充分的安排十分重要，务必要做出让他们在本次交易中可以随时拿回自己的钱并获得相应回报的保障措施。

商业计划书的制作可以说是使路演得以顺利举办的关键环节，而商业计划书的制作一般分为以下流程，如表 2-5 所示。

表 2-5　制作路演商业计划书的流程

流程	描述
介绍背景	你的公司是做什么的，你的联系方式及身份
说出痛点	你所处的行业，其“痛点”之所在
表明优势	你的公司是否具备解决行业痛点的能力，提供你的解决方案（产品 / 服务）
分析市场	分析你所处市场的发展趋势和其内在驱动关键点，以及当前市场格局和可进入的市场总规模
分析对手	分析直接、间接或潜在竞争对手的优劣势，并分析这些竞争对手的出资方和融资情况
发展简介	你公司的发展现状：用户数量、增长趋势、用户黏着度、销售业绩等
团队成员	你的团队核心成员的履历：教育背景、相关行业从业经验、成功创业经历等
融资问题	本轮预计要达到的融资额度和这些资金的用途

这些路演“雷区”不可触碰

当今，每个人的耐心都有十分有限，“酒香不怕巷子深”显然已成过去式。

创业者会一点嘴皮子功夫是路演时必要的技能，一方面听众希望在最短的时间内了解你，另一方面你也希望听众能尽快被自己所打动，伶俐的口齿恰好可以满足双方的需求。但只凭嘴上功夫和天赋是远远不够的，许多自以为是的路演者都因为只凭“巧舌如簧”而最终折戟沉沙，诸如此类的路演“雷区”千万不可触碰，以免在路演时重蹈那些失败者的覆辙。

★ 跳出“雷区”才能多明白点道理，少走些弯路

在众多的创业领域之中，有些行业的创业门槛是极低的，如互联网行业。几个人加上几十万资金就可以开展创业计划，期间紧收资金、节衣缩食、苦心经营个一年半载，就在产品降世以为苦尽甘来的时候，往往资金却已快枯竭。

这个时候创业者无论是产品发行商还是天使投资两头都要跑，这种迫切追求融资的坚韧固然可贵，但落实到产品路演环节却容易陷入以下误区。

1. 思维雷区：偏离用户真实需求

创业者在路演中通常为了证明自己项目的价值，不会直截了当地阐述该项目的价值，而是立足于分析市场整体的容量以及自己目标用户群体的消费能力等数据上，希冀以此为自己的项目提供充足的价值增量上的依据。

但是，由于许多人对于市场数据并不十分理解，又或是创业者对自身项目与目标用户群体的了解和描述存在差异问题，导致经常会出现路演中PPT上所描述的可见市场容量和目标用户群体与自己的项目“不搭边”的现象，而他们自己却毫无察觉。

2. 行为雷区：忽悠过度满场飞奔

你的形体语言在路演中能够极大影响到听众对你的印象和对路演内容的接收，因此规范自己有效的形体语言就显得异常重要。

形体语言是路演表现中加分的利器不假，但也并非如很多路演者臆想的那样越丰富越好，甚至达到“满场飞奔、上蹿下跳”的程度。更不要觉得这样做更容易带动听众的情绪，自己的气势也更强大，要知道你是一位路演者而不是一位杂技演员。

路演中往往存在一个有趣的现象，听众在路演现场鼓多少次掌其实并不能真正代表一场路演的精彩程度。许多创业者出色的路演表现，会让听众随着精彩的内容进入忘我的状态，神情专注，却会忘记鼓掌，而这些都可以看作真正决定一场路演效果的听众临场反应。

影响力令路演更具商业价值

路演之前，或许你只是诸多创业者中最不起眼的小角色，甚至无人关心你的创业故事，但是以商业价值为核心的路演会令你永不止步。

花点心思，多点创意，赋予路演更多价值和影响力。

★ 一次有影响力的路演往往需要精心设计

但凡世界上那些影响力很大的人，都并不是完全没有缺点，只是因为他们耀眼的优点掩盖了诸多的缺点。如果你想把握其中的关键，让自己的路演更具影响力，应遵循下面这 4 个原则。

1. 适当的互动体验

正如捷克教育家夸美纽斯所说的“一切知识都是从感官开始的”，路演中你所展现内容的效果反馈也是从听众的感官开始的，路演现场的气氛需要一个预热的过程，在听众的诸如眼、耳、口、脑等器官的感受被你带动而活跃起来之后，再辅以把控好分寸和节奏的互动体验足以使路演的反响翻倍，也更能加深你对听众身心的引领作用。

2. 关心他人的利益

路演离不开与人沟通，而任何处于沟通状态下的陌生人都会更加关注自己所能得到的是什么，投资人出于职业要求更是如此。针对这种人类共性心理，如果你从对方的角度出发去满足他的预期需求，将会比单纯表达自己的期望要高明得多。就像马云在世界互联网大会演讲时说的，与 IT 技术相比，DT 时代的核心正在于“利他”主义，“相信别人比你重要，相信别人比你聪明，相信别人比你能干，相信只有别人成功，你才能成功。”

3. 简练且不失专业

随着现在的多媒体应用技术急速发展，表现形式也可谓五花八门，如果大量使用甚至可以将一场路演打造成一场华丽无比的舞台剧，但这种会让人眼花缭乱、晕头转向的应用只能称为滥用。你的路演内容主次一定要明确，即便多元但须简练，能做到“返璞归真”又不失效果为最佳。如果简简单单的文档、PPT、小短片就足以表达出内容，又何必再去画蛇添足呢？那些真正的专业体现，其核心并不在这些技巧或工具性质的方面，把问题搞得过于复杂有时甚至会本末倒置。

4. 种技术演绎一场精彩路演

资本市场就像一个公园，一些人买了门票，进去只是走马观花，凑凑热闹；一些人买不到门票，就在门口摆摊卖东西；一些人不仅买了门票，还在公园里撑起了自己的店铺；一些人甚至已经成了公园里有头有脸的人物——这些看似虚幻、荒诞的事实都是资本市场中稀松平常之事。

在未曾尝到资本甜头的时候，你需要掌握一种适合自己的路演技术让精心准备的路演成功落地。

★ 掌握路演技术，为成功增添筹码

路演不仅是演讲和销售，更是思想与技术的碰撞。

古人云：“术业有专攻。”路演同样需要你具备自己的演绎技术。一旦熟练掌握这门技术，相当于为你路演的成功增加了分量颇重的筹码！

1. 图形强化技术

以图形作为辅助解释，对于增强听众理解你所要路演的内容帮助极大。

一般，图形可分为常规图形和特殊图形两种。

但是，无论你使用任何图形，其目的都是通过图形强化思维、帮助理解，将你那些原本复杂的逻辑以视觉化效果简单地表现出来，大幅减少听众思考所需的时间。

在设计图形的过程中，实际上也可以进一步帮助你分析和整理自己的路演内容。通常，一场路演之中所有应用的图形，其设计风格只有保持一致，才能保证形成更加完整连贯的视觉效果，而过于跳跃式的图形会带动听众的思维也跟着跳跃，效果可能会适得其反。

2. 数据转换技术

无论是在平时工作中，还是路演中你一定都会遇到这种情况：当借助一些数据时，如果用常规的表达方法，听众可能并没什么清晰的概念。

就如同有人告诉你，一个太阳相当于130万个地球大小，相信你对于太阳的大小肯定还是没有什么清晰的概念。原因就在于你从未见过地球到底有多大，更不用说想象130万个地球有多大了。

而如果换种表达方式，你可能就会比较容易形成清晰的概念。例如，假设太阳像篮球那么大，地球与太阳相比，就像篮球上粘的一粒米。这种表达方式，对于你的理解来说是不是更形象了？

数据转换技术可以将你觉得抽象或是根本无法想象的数据投射到具体的，你看得见、摸得着、见惯了的事物上，进而让你瞬间理解。

3. 定义语言技术

定义语言，即给你想要表达的内容下一个定义，这个定义可以用一段话描述出来，这段话甚至可以作为你的座右铭而广泛流传。

定义语言必须要满足几个特定的条件——**精准、精炼、形象**。并非随随便便用一句话来形容一个事物，就可以被称之为定义语言。因此，对定义语言的应用十分考验你的概括能力。

4. 植入画面技术

如果从心理学的角度出发，借助植入画面的方式进行路演，不仅可以为你说的话加分，还可以帮助你在路演中赢得更多投资人和投资机构的信任，甚至可以推动你引导他们思路。

若是将一张苹果的图片放在你面前，再问你："世界上什么水果最有营养？"你基本会回答苹果。而如果你面前放着一张狼群的图片，再问你："世界上什么动物最具团队协作能力？"几乎可以确定你的回答是狼。

然而，苹果未必是世界上最富营养的水果，狼也未必是最具团队协作能力的动物，但放置于你眼前的图片会对你的思维产生影响。可以说，这些图片让你在刹那间失去了理性，在未经大脑思考的情况下答案就已脱口而出，而这其实就是画面植入的威力。

也可以将画面植入理解为用画面对人进行催眠，即将你想让对方知道的画面通过一些手段潜移默化地植入他们的大脑，导致对方在先入为主的情况下，下意识地认可你想要表达的内容及观点。

分析 5　竞争激烈，你能否遵守游戏规则笑到最后

融资之思——为何遵守了规则才能更好地拿到钱

在融资中，有大约60%的事情都无比枯燥，鲜有人爱听。而剩下的40%中，至少有20%是企业“不能说的秘密”。最后剩下的20%虽然可以说，却又往往饱含着创业者的“一把鼻涕一把泪”，让人不愿诉说。

融资确实从一定程度上帮助互联网初创企业解决了资金难题。但初创企业同时也应看清融资行为中的虚虚实实。由于我国的监管机制尚未成熟，融资信息的真实性、可靠性、投资人的真实能力水平很难有保证，欺诈行为更是层出不穷。

中国工商联曾发布调研报告称，初创企业的融资非常困难，90%的以上的企业没有和银行发生过任何借贷关系。而这种局面会在一个相当长的时期内存在，解决创业企业发展初期的资金难题就成了创业者的重点工作。

殊不知，需要规范起来的不只是创业制度和环境，企业操作的融资流程也需要规范。只有规范运作，企业才能良好、有序地运营。

因此，融资经验较少的初创企业在融资时，一方面要遵守游戏规则，才不会因为不小心触犯了“雷区”而被过早地踢出局；另一方面，要谨防一不留神上当受骗。

先会生存再谋发展

互联网初创企业的创业者应该牢记的第一条原则——先学会生存，再谋求发展。

据相关统计数据显示，我国 90% 的新生企业都有在 5 年内夭折的可能

性。新成立的企业，不管是普通企业还是高科技企业，生存都十分不易。

★ 当初创企业生存都困难时，何谈融资

对初创企业而言，工作重心不只是融资，还有正常的企业运作。例如，怎样将产品加工出来（或是将产品 / 项目的设计理念落到实处）并销售出去，为企业寻找更多客户，确保实现利润，让企业吃饱饭——这是最基本的！

运营稳定，有利润盈余，企业才能生存发展，否则恐怕难逃倒闭的命运。

尤其是员工在 20 人以下的初创企业，由于规模太小，在市场中抗风险能力差，生存更加艰难。

初创企业想要更好地融资，首先要具备生存的本领，没有哪个投资人愿意冒风险去拯救一家刚营业就要倒闭的企业。企业要先生存再谋求发展之道如图 2-12 所示。

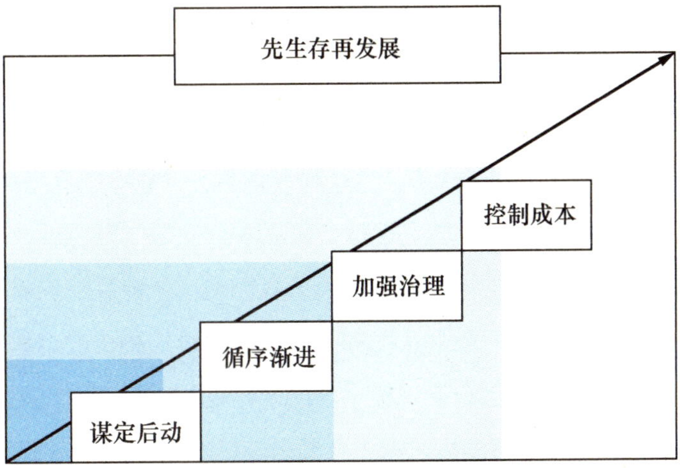

图 2-12　企业的先生存再发展之道

1. 谋定后动

从创业到成功，有一段十分艰难的路要走。

每个创业者都想尽快找到回报丰厚的投资项目以吸引投资人注意。然而要取得成功，创业企业在物色好项目、试图转型的同时，还必须避免创业的盲目性，谋定而后动，打有准备之仗。对创业项目的筛选尤为关键。挑选到好的项目等于创业成功了一半。独特新颖的项目容易引起投资人的

兴趣，有利于筹集创业资本。

除了借助资本的力量，国家或地方有一些关于税收优惠的政策，创业者也应认真学习领会。尤其在尚未获得资本注资之前，就更应该靠相关扶持政策，随机应变。

2. 循序渐进

任何企业的发展都要循序渐进，创业者应谨防揠苗助长。

企业市场推广是一个不断改进、完善的过程，企业的发展壮大需要积累，循序渐进，如果拔苗助长就会埋下隐患，日后一旦爆发会形成严重的危害。如产品存在缺陷、质量不稳定，既给竞争对手留下机会，也会失信于客户，丢掉市场。管理水平低劣的所谓大型企业，外强中干，华而不实，不堪一击——这样一家企业对资本是不会产生吸引力的。退一步想，运作周期短的风险投资，追求的是几年后的暴利，百般推进企业快速成长，哪里会顾及自己退出后企业的境遇呢？

3. 加强治理

企业自身存在治理上的缺陷，也是创业企业融资难的原因之一。

例如，粗放式经营、家族式管理，容易导致决策的随意性，倘若缺乏有效的监督机制和健全的内控制度，财务管理制度不完善、收支不清、报表数据不真实，类似的一系列状况都会让企业在日后融资的过程中承受很大的风险。加之许多初创企业规模小，经营效益相对低下，产品或服务的技术含量低，缺乏核心竞争力，就更难吸引投资人注意。

4. 控制成本

融资也需要成本。**融资成本是指资金所有权与资金使用权分离的产物，融资成本的实质是资金使用者支付给资金所有者的报酬。**通常可以分为机会成本、风险成本、代理成本等。

资金是企业的血液，作为初创企业，应该尽可能降低融资成本。引入低利率借款，一部分偿还之前的高利率借款本息，一部分供企业经营发展之用。

总之，初创企业应尽早理顺资本的来源，拓展更多的融资渠道，寻求更多的低成本资金。这既关系到企业的日常经营工作，也是为企业壮大发展打基础。

理性面对资本诱惑

投资人需要项目，创业者需要资金，按理说双方很容易牵手，寻求共赢。然而，资本的本质是追逐利益。随着时间的推移，也有不少创业者炮轰投资机构，大吐被骗的苦水。

★ 诱惑当前，理性至上

面对资本的诱惑，创业者必须保持理性，树立坚实的契约精神，避免合作以失败告终。

作为俏江南[8]创始人，张兰性格张扬，又有号称“京城四少”之一的儿子汪小菲，以及知名艺人大S这样的儿媳妇。如此“吸睛”的组合，也未能让有餐饮界“奢侈品”之称的俏江南幸免于难，这让人们不禁感叹，俏江南的融资悲剧为何会落在一位女强人身上。

当年俏江南之所以能声名鹊起，要归功于其独特的设计和装修环境。在打造首家兰会所时，张兰不惜花了1200万元请来法国设计师。兰会所极尽奢华，屋顶镶嵌着世界名画，几十万元一盏的吊灯，上万元一只的水晶杯，总投资超3亿元人民币。无论是装修还是经营企业，正因为注重品质和管理，当时有大批投资人主动找上门，包括某世界级知名企业拟10亿美金入股俏江南。

最初，张兰的态度非常傲慢，将投资人拒之门外。直到后来一次偶然的机会，张兰参加鼎晖投资[9]机构的聚会，认识了其合伙人王功权。经过愉

[8] 俏江南：一家国际餐饮服务管理公司品牌。创始于2000年，自成立以来，从国贸第一家餐厅到北京、上海、天津、武汉、成都、深圳、苏州、青岛。2015年3月，餐饮集团俏江南的创办人张兰传出资产遭香港高等法院冻结，家族企业陷入危机。2015年7月17日，张兰委托律师发布声明，全面否认“出局”说法。随后，张兰在受访时控诉CVC在未经她同意的情况下将她的股权质押出去，并表示将对CVC发起法律诉讼。

[9] 鼎晖投资：是一家基金管理公司，其前身是中国国际金融有限公司（CICC）的直接投资部。

快的洽谈，鼎晖投资管理有限公司投资俏江南2亿元人民币，占股10%。

成功融资后，张兰高调宣布了自己的宏伟蓝图："在国内开店数量要达到100家、海外50家，在3～5年内开店300～500家。"张兰还描绘了俏江南的"下一个十年"——"当你去巴黎、米兰、纽约，你在任何商务的角落，都会看到俏江南。下一个十年末，我们希望能够进入世界500强。再下一个十年，也就是二十年的目标，零售业的巨头是沃尔玛，而餐饮业与之并驾齐驱的就是俏江南，成为世界500强的前三强。"

几年过去，无论是开店数量，还是战略实施似乎都没有实质进展。而鼎晖投资与俏江南的蜜月期也提前宣告结束。

十几年前，我国的高端餐饮还很稀少，俏江南有竞争优势。

近几年，随着互联网的发展和高端餐饮的普及，其竞争压力越来越明显。许多大型美食杂志早已不再将俏江南列为"最佳商务餐厅"。

发生这样的悲剧，一方面在于疯狂扩张和融资的失败，俏江南赖以成名的就餐环境、品质管理也随着资金链的断裂逐步丧失优势；另一方面，投资者通过注入资金谋求投资收益，创业者通过融资获得急需的发展资金，本应是实现双方共赢的合作模式。但张兰认为，俏江南在与鼎晖合作几年后，投资者似乎并没有给企业带来好处，反而让她吃了大亏，可见并非有大量资本注资企业就是好事。

1. 创业远比想象困难，失去理性很可能血本无归

创业不仅存在失败的风险，且随时要面临艰辛和挫折。这需要创业者付出大量的时间、精力和坚持不懈的努力。

大部分人只看到马云的风光，却看不到他在成功前所经历的种种苦难；只羡慕马云的资产，却没想到他也曾在融资的道路上历尽煎熬。

今天的创业者多为有梦想、有激情的年轻人，他们充满了闯劲，却对未来的创业困难缺乏思想准备。创业远比想象困难，倘若不能保持理性，很有可能还没迈出第一步就血本无归。

2. 并非有钱就能创业，理性看待资本的“橄榄枝”

许多创业者为钱发愁，感慨万事俱备、只欠“东风”。也有人认为有钱谁都会创业，关键在于没有钱怎么办。但有钱真的谁都能创业吗?

并非如此。美国学者曾做过一项调查，24% 的初创企业在 2 年内倒闭，52% 的初创企业在 4 年内倒闭，63% 的初创企业在 6 年内倒闭。

即便能够筹集到启动资金，不能理性看待资本抛来的“橄榄枝”，实现持续良性融资，或者忽视了企业管理等其他方面的因素，所创立的企业在未来 2 ～ 6 年内仍然难逃倒闭的命运。

资本结构完整合理

都说“皇帝的女儿不愁嫁”。

许多创业者认为，只要项目有创意，就一定能融到资，这是一种“很傻很天真”的想法。项目好坏固然是投资者关注的一个重要方面，但令投资者最终决定是否参与的因素还有很多方面，如团队、管理等。

★ 好项目等于好鸡蛋，但能否孵出小鸡则是未知数

有了好的项目，如同有了一颗好鸡蛋。但是最终能不能孵出小鸡，孵出的小鸡能否健康养大，如何让养大的鸡下更多的蛋，如何将这些蛋卖出更高的价格，获取丰厚的利润……这对一家初创企业而言都还是未知数。

因此，仅有好的项目，没有好的资本结构，依然很难说服投资人。

事实上，很多初创企业运营多年，企业治理却停滞不前，即便开发出有市场前景的产品、发现了盈利潜力巨大的项目，投资人也缺乏信心。

对此，初创企业应确保企业的资本结构完整合理，并有相应的治理能力。

1. 规范治理才能持续融资

狭义的企业治理主要是指企业股东、董事、监事及经理层之间的关系。广义的企业治理还包括与利益相关者（如员工、客户和社会公众等）之间的关系。

企业治理是初创企业获得融资的基础。正如众多创业者所知，大部分

投资人是否向初创企业投资，不只看项目好坏，更要看其治理情况。很多初创企业的创业者吃亏就吃亏在企业治理上。为了获得融资而治理企业，是头痛吃止痛片——止痛不治病。而站在企业发展的高度治理企业，不但企业能够健康成长，持续融资的难题也将迎刃而解。

2. 合理的资本结构是治理关键

很多初创企业拿到投资后逐渐走向衰落，往往就是因为企业治理流于形式，资本结构不合理，导致绸布包鸡笼——外面好看里面空。

那么，合理的资本结构应该是什么样子的呢？不妨参见表 2-6。

表 2-6 相对合理的资本结构一览

结构	要义	描述
股东大会	企业最高权力机构	当股东数量比较多时，治理权成本很高，难以经常召开股东代表大会。其决策权就委托给部分大股东或有威望者组成的董事会，股东大会与董事会之间的关系是委托代理
董事会	股东大会常设机构	董事会的职权由股东大会授予。董事会人数、职权和作用，各国公司法均有明确的规定。各企业的章程载有关于董事会的说明
首席执行官（CEO）	企业第一负责人	董事会将部分权力委托代理人行使。这就有了企业政策执行机构的最高负责人——首席执行官（CEO），即常说的董事长，或执行董事。通常会配一名助手，负责日常业务。一般由企业总裁兼任，成为企业第二负责人。此外，还设有其他若干行政职位，如首席财务官等
法律顾问	企业的“守门神”	为防止企业经营出现法律风险，通常要建立起法律顾问制度。合格的法律顾问是指接受聘请提供法律服务的执业律师，并通过了企业法律顾问执业资格考试。初创企业的创业者没有资金实力聘请法律顾问，也要结交这方面的朋友，遇事多请教

把握最佳融资机会

因融资失败、资金链断裂而破产倒闭的企业不计其数。可以说，融资是初创企业经营者的一项日常工作。

有人认为，企业运转得不错，利润稳定，融资纯属多余。这种观念是非常危险的。等到将来市场变化，企业效益下滑，恐怕很难找到投资者响应其求助。“平时不烧香，临时抱佛脚”指的就是这类企业。

初创企业不能为了融资而融资，而是要视企业的经营发展而定。

通常情况下，在计划创业或企业创业初期是最需要资金的，创业者融资欲望很强烈，但这或许恰恰不是合适的融资时机。除非迫不得已，创业者最好暂缓融资，先运用自有资金脚踏实地把企业运作起来。

★ 知道如何迈出发展第一步，才能更好地把握融资机遇

创业能否起步，往往不完全在于资金的多少，而在于创业者是否真的知道如何迈出第一步。事业小成，利润可期，企业有很大的话语权，非常低的成本就有可能融到大额的资金。时机不对，就要付出惨痛的代价。

1. 融资前的“自我包装”

求职或相亲时，许多人会精心地梳妆打扮一番。同样的，为了顺利融资，企业也应进行一番全方位的“包装”。但不能过分粉饰，甚至数据造假，这反而会弄巧成拙，适得其反。

大多数资本对企业发展前景的关心也是基于资金安全方面的考虑。因此，不少投资人格外注重企业的经营状况，只有在相信企业能够经营良好的基础上，才会决定投资。为此，初创企业必须脚踏实地有序经营，生产、销售假冒伪劣、侵权产品的企业是不可能敲开资本市场的大门的。

2. 最不需要融资时也许正是最佳融资时机

前面我们就说过，资本的本性不是救急，更不是慈善。

当一家初创企业经营效益显著，发展前景明朗的时候，各类资金都非常乐意加入。此时，企业或许是最不需要融资的时候，但却恰恰是企业最佳的融资时机。原因很简单，话语权在企业手上，只需要支付较低的资金利息，或给予资本较少的股份，就能融人大笔的资金，何乐而不为呢？这也是初创企业引导昔日的资金转为企业资本的良机。把企业经营得随时有人愿意投资，常常有投资者找上门积极投资，这样的企业经营才算是真正的成功！

总之，机会通常不会主动找上门，融资也需要创业者有一双雪亮的眼睛，

随时把握近在眼前的良机！

天上不会掉下馅饼

融资有时就像打仗，要讲究战略。

别以为有钱人就都是“人傻钱多”的主儿，或者认为投资人有钱就都很大方，你需要钱时，对方一定会不遗余力砸钱支持——这不可能！

★ 天上不会掉馅饼，却可能掉“陷阱”

创业需要启动资金，固然要融资，但白手起家的你不可能什么都要靠融资，否则投资人凭什么相信你呢？因此，作为创业者，你首先自己要投入，或者向融资平台借钱，否则就谈不上创业。

但无论向谁借钱，都要注意一点，欲取先予。至于如何“予”则要注意以下几点。

1. 亮出可信的东西

要想获得“天使”青睐，你必须拿出许多可信的东西给投资人看。只有使其相信你，对方才有可能给你投资。

2. 融资再困难也莫碰高利贷

高利贷在我国并不受法律保护，一旦造成损失或纠纷，打官司都没用。更重要的是，高利贷的利率之高几乎没有几个初创企业能承受得起。

3. 不要随意替人融资或顶名融资

例如，你有一个好朋友刚刚创办了一家企业，他想去某个融资平台融资，但缺乏抵押物或者信用不良无法融资。于是与你协商借用你的名义让你替他出面去筹钱，待你成功贷款后再转交给他去使用，还款时由他来执行。

如果你一口答应，看似是在帮朋友，是一种“助人为乐”的行为；殊不知，既然出面融资的人是你，法律上就要由你来承担相应的责任。日后一旦朋友出现违约行为，一切责任都在你。

不必强调你们之间平时关系有多铁。钱虽然是朋友在用，但确实是你借来的。不涉及法律纠纷还好，否则融资平台必然会追着你讨钱。恐怕一场官司下来，不但会给你造成巨大经济损失，恐怕两人“友谊的小船”从此就要说翻就翻了！

小心一夜满盘皆输

资本世界充满了诱惑和欺骗，而融资更是往往看不见、摸不着，风险也就更加显而易见，一夜之间满盘皆输、倾家荡产的事也时有发生。

如此看来，签订正规的融资协议要比市场估值重要得多。

★ 即便是估值 1 亿元的企业，也可能在一夜之间一无所有

Heidi Roizen 是苹果公司的前高级副总裁、风险投资 DFJ Venture[10] 的合伙人，她曾参加过许多融资协议的制定。她说：“在我看来，对创业者来说，除了个别极其成功的公司，融资协议都要比公司估值和资产构成表重要得多。但是很多创业者却经常在股东的怂恿下，对未来可能出现的糟糕状况过于乐观。”

为了印证这个观点，她还在自己的博客上列举了一个例子并做了详细分析。

假设一位创业者 Richard，他创办了一家在某个领域具有突破性的公司，我们称之为 Pied Piper。

Richard 的想法吸引了一位新兴的天使投资人 Peter。Peter 同意投资 100 万美元，公司估值 500 万美元，Peter 占股 20%。

拿着 100 万美元投资， Richard 组建起一个小团队，热火朝天地干了起来。在做出产品原型后，Richard 开始拿着产品去见投资人，很多投资人伸出了橄榄枝。

Richard 想要尽可能高的估值。最终，给出的估值最高的是一家新兴的风投，名叫 BreakTroughVest（BTV），不过考虑到公司现阶段给出这个估值是偏高的，他们要求享有优先清算权，以确保公司出问题时能收回本金。

[10] DFJ Venture：德丰杰（简称 DFJ），于 1985 年在美国硅谷成立，是一家专注于早期和成长期的风险投资基金。

Richard对于这个估值感到很兴奋，新的投资只稀释了20%的股份。天使投资人Peter也很高兴，因为他只用100万的投资就占有一家炙手可热的公司20%股份，现在，根据新的融资协议，他的资本已经相当于1000万，是投资额的10倍！

融资协议签就，庆功晚宴开完，几周后，资金到位。

……

拿着1000万美元，Richard租了办公室，签了7年的租约，招聘了许多新员工。

……

后来，Pied Piper又吸引了一家科技巨头的注意，我们把这家公司叫作Hooli。Hooli开始接触Richard，希望投资2亿美元，占股20%，公司估值10亿美元，同时双方开展战略合作：Hooli获得Pied Piper数据的接入权限，Pied Piper则必须通过Hooli的广告平台大规模投放广告。

Richard满心欢喜，10亿美元的估值使得公司成为独角兽俱乐部的一员。员工们开始盘算自己的期权将来值多少钱，他们就将成为百万富翁了。

然而，事情却没有继续这么发展下去。

广告投放开始了，但是转化率却很低，Pied Piper被迫继续整个广告投放计划，烧光了2亿美金。随着时间的推移，产品的用户增长速度依然十分缓慢。市场压力迫使他们降价，又进一步压缩了利润空间，几位核心开发者的离职更是给公司雪上加霜。很快，公司再一次面临资金耗尽、弹尽粮绝的窘境……

投资人开始担心了，因为他们有可能血本无归，而且如果破产拖欠员工工资将会对他们的声誉造成极大的破坏，这可不是件好事。

最终，创始人Richard赔得血本无归，什么也没落着。[11]

[11] 博客原文中文版来源：Yves-YAN，《当心从10亿元估值沦落到一无所获！创业者签订融资协议时该注意什么》，36kr，2015年5月14日。

从中，创业者不难得出以下教训。

1. 资本的钱是一种负债

资本投资的钱不是免费，而是一种负债。

有些创业者错误地认为融资是一种单纯的股权稀释。毕竟，即使你赔光所有的钱，似乎投资人也不能把你怎么样，至少不会像银行那样来强行没收你家房产。然而，和案例中提到的一样，大多数风险投资交易都涉及“优先清算权”。**所谓优先清算权，是指风投在目标企业清算或结束业务时，具有的优先于其他普通股股东获得分配的权利。**

这也就意味着，当各方面临分钱的时候，风投总会在你之前拿到钱。融资越多，他们先拿走的也就越多。而这就很有可能令创业者过早地将一手创办的企业卖掉。

2. 融资协议很重要

现实中，对风投来说，他们投资的项目往往一半都是以失败告终的。为此，他们更加清楚地知道融资协议的重要性。

当然，对创业者而言，融资协议本身没有什么好坏之分，他们只是谈判的结果和保障，是高风险投资的“标配”。

但是，如果创业者在日后出问题时才发现协议中的某些规定对自己不利，那也只能说明是自己的责任。我们必须从血和泪中痛定思痛、总结经验教训，否则就只有挨宰的份儿。

无抵押时不可轻信

通常融资中的无抵押贷款也可以称之为信用贷款。

顾名思义，就是无需提供任何担保就能申请到贷款，甚至有些机构声称只需要你提供一张身份证明就可以在全国范围内实现“1～50万元当天放贷”。

这样的条件对于初创企业的创业者而言无疑极具诱惑，但却往往是个圈套。

★ 宁可信其有，不可信其无

我们已经说过很多次，不管是天使投资机构还是金融服务平台，都不是慈善机构，他们也是实实在在的企业，是企业就会以盈利为目的，投资的目的也是为了赚取更多的钱，最终能否赚到钱则是另外一回事。

尽管如今许多互联网融资平台也有一些“无抵押贷款”的优惠，但“无抵押”绝不是指“0门槛”。还是记住那句话，天上不会掉“馅饼”，却可能会掉“陷阱”。

2016年6月12日，《东北网》曾报出了一则题为《女子遇无抵押贷款骗局，存5万元瞬间被转账》的新闻。

“最近，我家里着急用钱，正发愁时，在社交软件朋友圈里看到一条无抵押贷款信息。”

张红看到的信息大致内容为：急用钱就找我，低息借款，当天下款，手续简便快捷，无需抵押，1万～50万元均可，有意者可以与社交软件号××××联系。

“当时看到这条信息，还给我丈夫看了看，他有些怀疑，可后来与对方社交软件取得联系，得知利息较低，还不用抵押物，自己也不损失什么，就想把这个贷款办下来。”张红说。

就这样，张红与对方通过社交软件联系后，约在哈尔滨市和兴路一家招商银行里见面，并新办一张借记卡，没想到的是存了5万元瞬间被转账……

5万元都可能是个骗局，更何况是10万元、50万元？

总结起来，这些所谓的“无抵押”通常有以下特点。

1. 口号/名称十分响亮

这些平台的名字通常听着悦耳，冠名十分响亮，如“××× 贷款公司”“××× 贷款集团”等。

只是，类似上述公司名称在现实中根本就办不下来。

根据我国工商行政管理局的规定，企业采取这样的名称进行注册不可能批准。倘若对方信誓旦旦说自己是合法企业，那你不妨要求对方提供相关执照以及办理人的身份证复印件并记得保存。

网贷之家曾向《证券日报》提供了这样一组数据：

2013 年问题平台数量 90 多家，2014 年问题平台数量近 300 家，2015 年问题平台数据超过 600 家（截至 2015 年 8 月底）。最新统计结果显示，截至 2015 年 8 月份又曝出 70 家网贷平台存在问题。但仅有东方创投、中宝投资、铜都贷、优易网 4 家有判决结果。[12]

上述问题平台出现了包括限制提现、平台失联、卷款跑路、提现困难等多种问题，由于大部分投资人对追回资金无望，只好“哑巴吃黄连”。

2. 看起来不正规 / 过于正规

存在问题的平台大多数没有固定的办公地点，通常是临时租借豪华的写字楼，甚至干脆把办公地点设在高档住宅小区里，基本没有正规的执照和手续，也不肯向创业者提供个人身份证明等真实信息。还有一种情况是平台看上去过于正规，甚至让人不敢相信。

记住，尽管融资平台上许多贷款数额并不高，但无论金额大小，都属于一种贷款形式。而但凡贷款，不管是民间的普通借贷还是银行都要考察你的还款能力。换言之，倘若有人声称不需要任何证明和条件就可以贷款给你，那十有八九就是个幌子或者骗子。即便有人说只要有身份证就能贷款，因为身份证随时都可以补领，但至少这类平台也不是什么正规的公司。当创业者的融资不是通过正规的渠道得到的，自然就要多一分防备和警惕了！

担保落笔谨慎行事

在融资中，担保是司空见惯的事，但与此同时，风险也是显而易见的。

有些时候，创业者不仅要找人给自己做担保，也有可能帮他人做担保。

[12] 数据来源：证券日报 - 资本证券网，《3 年内逾千家 P2P 平台跑路，仅 4 家有判决结果》，2015 年 8 月 29 日。

正所谓礼尚往来，很多创业者觉得，先帮别人担保，以后融资时才好找别人给自己担保。加上有可能碍于朋友的面子不得不硬着头皮站出来担保，结果企业还没办起来，自己却先被拖下水，甚至落得个倾家荡产的下场。

但是有些融资机构为了降低自己的风险，往往要求第三方提供担保人作保。然而现实是贷款不易，担保也不安全。

2015 年 7 月 21 日，《东方融资网》报道了一篇题为《借款逾期 担保人全身而退恐难》的文章，其中提到了这样一个真实的案件。

广州的王先生为朋友借款做了担保，结果贷款到期朋友没有还钱，也闹失踪了，债主上门催债，针对此事王先生觉得自己很是无辜，说碍于交情朋友拿来了空白的贷款合同，自己尽管签名了，但是由于不清楚合同的内容，所以这个担保应该是无效的，自己也不需要替人还债，事实果真如此吗？

案件审理后，根据法院的调查显示，王先生当时为朋友担保的意思是真实的，即使不知道空白合同的内容，也需要承担相应的还款责任，但是还款后可以向朋友追偿。

可见，为人作保碍于人情令人难以拒绝，但是担保也是有风险的，一不小心就会倾家荡产，还真不是危言耸听。

★ 就算要帮忙担保，也要学会保全自己

很多人看来，担保也是没办法的事。中国社会讲究的是人情，有时实在不好意思拒绝朋友的不情之请。

但就算要帮忙，也要先学会保全自己，最大限度降低自身的风险。

1. 担保合同看仔细

就算是为朋友担保，面对拿过来的合同，也不能看都不看就签上大名，这种草率的做法显然要承担更大的风险。

因此，既然决定要担保，你就有权利看清楚合同上的内容，从而根据自身的实际情况，衡量一下自己的作用及面临的风险，再做决定也不迟。

如有疑问就要及时提出，或要求双方写清楚，将风险扼杀在摇篮里。

2. 被担保人的信誉及还款能力

朋友之间讲义气，为朋友两肋插刀很正常。但朋友往往也分三六九等，不能为了讲义气而不顾自己的风险。

在决定担保前应考察清楚朋友的个人信誉、在圈中的口碑以及个人还款能力等问题。拒绝的话虽然不好听，但长痛不如短痛，该拒绝时就拒绝。

3. 担保公司往往聊胜于无

目前，我国有不少与融资相关的担保公司和网络平台，只要他们获得相关证件，就可以光明正大地展开担保业务。反之，倘若不叫融资担保公司，就无需办理这些证件，实际上是在钻政策的空子。

但就算领到了相关证件，这些担保公司也具有很大的迷惑性和欺骗性。尤其是在我国工商注册登记实行先照后证，除了表明企业名称、注册登记范围等信息外，实际上与担保效力并没有太大的关系。而由于个地方政府的金融服务部门不具备相关的资金调配权和执法权，对这些“皮包”担保公司往往也是无能为力，等到执法部门介入也为时已晚。因此，即便有了担保公司往往也是聊胜于无，不能轻信。

PART 3

融资密码：为互联网初创企业便利融资点亮一盏明灯

初创企业团队犹如一池水坑，下一点雨就满，太阳一出来就干，撑不死也能饿死。在强势的创业群体中，初创企业就是那最弱势的一叶扁舟，任凭雨打风吹去，想要在急流中力挽狂澜，无异于螳臂挡车。这听起来很消极，其实不然，“初创”并不意味着等待灭亡或随波逐流。

看着一波又一波互联网初创企业纷纷倒下，后来者是否应该换个思路，先解决融资难题再谋大业，成功才不会那么难？

密码 1　网络众筹：基于互联网平台快速实现“弯道超车”

破局之思——为何众筹能帮助互联网初创企业迅速融资

众筹，即大众筹资或群众筹资，翻译自英文“Crowd Funding”一词，是指一种向群众募资，以支持发起的个人或组织的行为。

众筹主要由发起人、跟投人、平台构成，特点是多样性、门槛低、注重创意、依靠大众力量。

之所以说众筹能够帮助互联网初创企业迅速融资，是因为通常众筹是通过互联网平台连结起赞助者与提案者的。募集来的资金被用来支持各种活动，如创业募资、艺术创作、民间集资、竞选活动、灾害重建、设计发明、科学研究以及公共专案等。

近几年，众筹在我国逐渐被认可和运用，究其根本，也正是因为其背靠互联网平台，成为国内刚刚兴起的一种互联网金融产品。互联网初创企业若能将这一新兴的“互联网产品”运用自如，自然能吸引一些投资人。

国外传来的火把：众筹

众筹起源于美国网站——Kickstarter[1]，该网站通过建立互联网平台向公众筹资，让有创造力的人、有创意的项目获得所需要的资金支持，以便让创业者更顺利地实现梦想。

这一模式的兴起打破了传统融资模式，即便是普通人也可以通过这样的众筹模式获得相应的资金，使融资的来源变得更加多样，不再局限于风投等机构，而是来源于大众。

至此，众筹在欧美国家逐渐成熟并被推广至亚洲、中南美洲等世界各地。

★ 互联网初创企业不可错过的“众筹风”

近几年，随着众筹模式传入中国，我国的众筹平台以及相关的众筹活动也如雨后春笋般走进人们的视线。

2014 年百度“卖”起了众筹。2015 年，在百度世界大会上，百度消费众筹平台正式上线。据百度官方发布的消息称，一期上线的产品包括：

票务众筹——史诗级舞台巨制《战马》中文版；

食品众筹——圣元乳业集团、科尔沁牛业；

影视众筹——星美集团等。

自活动之日起，所有用户都可参与首款产品《战马》中文版的预约购买。参与众筹的用户将不仅能享受到各种消费特权，如特价演出票等。未消费部分资金根据相关法律规定，还能获得预计年化 8% 的现金补偿。

与阿里巴巴娱乐宝 100 元就能参与投资拍电影的众筹比起来，显然百度的众筹门槛更低。不管你是谁，只要你能从口袋里掏出 1 块钱，而且有想法、有梦想，百度就不会将你拒之门外。

如今，互联网思维满天飞，似乎满大街都洋溢着“众筹风”，让每个普

[1] Kickstarter：2009 年 4 月在美国纽约成立，是一个专为具有创意方案的企业筹资的众筹网站平台。2015 年 9 月 22 日众筹网站 Kickstarter 宣布改组为“公益公司”。

通人都能参与进来，仿佛这才是原汁原味的众筹。正因为众筹的门槛较低，给了普通人更多机会，加之互联网之风盛行，因此也更适合互联网初创企业的创业者们。

2014年上半年，马云推出了一个叫娱乐宝的“众筹”项目，网友出资100元（上限1000元）就可投资热门影视剧作品，《老男孩之猛龙过江》的投资正是来自这里。而参与投资的网友的福利则是：有机会享受剧组探班、明星见面会等权益，预期年化收益7%。该项目一经推出，不仅在业内一片哗然，同时也吸引了大批追捧者。

仅2014年上半年，《老男孩之猛龙过江》就筹资约1.65亿元，是最成功的“投资产品”之一。

娱乐宝7%的预期年化收益率与2013年的余额宝相比，并不算高，即使投资1000元，一年下来的利润也只有70元左右。这连一些银行理财产品的收益率都比不上。

但是，娱乐宝并非余额宝般的众筹，贩卖的不是高利润，而是一种参与感。

2015年7月，美团网聘请了“人人投[2]”的众筹产品经理。对此，不少人猜测，难道美团网也要杀入时下大热的众筹领域？

人人投于2014年2月15日上线，是一家国内首创“实体店铺股权众筹模式”的众筹平台。发展不到1年时间，人人投就成为“股权众筹平台首批中国证券业协会会员”之一。经过一年半的发展，人人投成功融资179个项目，融资金额超过3亿元。

在投资领域，众筹被不少人视作资本的“下水道”。原因很简单，不缺钱，缺的是好项目。往往是那些基金看不上的项目，才会拿到众筹平台上去做。

但人人投却另辟蹊径，避开了大部分投资者青睐的互联网、科技企业，

[2] 人人投：一家以实体项目为主的股权众筹服务平台。

选择了实体店铺。

可以肯定的是，无论是上述案例中的哪一种玩法，都印证了众筹之风在我国刮得正劲。互联网初创企业的创业者们更应该把握时机，玩转众筹、“弯道超车”，为企业吸纳更多创业资金。首先，创业者应该对众筹有一个初步的认识和了解。

1. 国内外众筹的最大差别

国内外众筹最大的差别在于对支持者的保护措施。

在国外，众筹项目一旦成功，立刻就会给项目发起人发放资金去执行。

在国内，为了更好地保护支持者，通常会将资金的启动分成两个阶段：

第一阶段，先付 50% 的资金去启动项目；

第二阶段，项目完成后，确定支持者已经收到回报，才会将剩下的钱交给发起人。

截至目前，国内有分属于股权众筹、捐赠性众筹、奖励型众筹等不同形式的平台数十家不等。至于选择哪家平台众筹，创业者应擦亮双眼，根据自己的实际需求来抉择，而不是盲目跟风。

2. 玩转众筹其实并不复杂

众筹的玩法其实很简单，由创业者把自己的产品或创意提交至众筹平台，接着发起一场募集资金的活动。若有人感兴趣就可以贡献一定数目的资金，并在项目 100% 完成后获得一定的回报。例如，可以是这个项目所创造出的产品，或者相关签名、下午茶、沙龙讲座等。不管怎样，有了众筹平台的支持，任何创业者都可以去启动一个项目，实现新产品的设计与生产，为自己的梦想助力！

众筹演绎：最常见的两种模式

目前，我国较为知名的众筹平台包括点名时间、众筹网、积木网等。

由于中美环境差异，最初国内众筹网站的规模往往较小，大多数平台也都面临着人少、钱少、项目少的窘境。相反，那些创业股权式的众筹模式在中国却较受欢迎，也获得了极大关注。对创业者而言，可以先来了解众筹最常见的两种模式。

★ 最常见的两种众筹模式

1. 会员式众筹

关于会员式众筹，最值得创业者学习的例子莫过于 3W COFFEE。

3W COFFEE 的众筹方式就是向全社会进行资金募集，每股 6000 元人民币，每位投资者投资 10 股，主要的宣传方式是在微博上进行宣传。

当时，微博正是最为火热的时期，加上 3W COFFEE 的创始人许单单[3]在圈内有一定的知名度，3W COFFEE 很快便汇集了包括圈内的一大批知名投资者，其中不乏企业掌门人、企业高管、知名投资者，股东阵容十分华丽。

当时，在我国一线城市中几乎都出现了众筹式的 3W COFFEE，而 3W COFFEE 也很快以“创业咖啡”为契机，将品牌内涵衍生到了更多创业领域。

参与 3W COFFEE 的众筹，规则十分简单，但并不是所有人都有资格成为 3W COFFEE 的股东。换言之并不是你出钱就可以进场参与 3W COFFEE 咖啡厅的筹建。3W COFFEE 对股东的要求除了资金，更多的是身份与能力。3W COFFEE 希望吸收的是那些互联网创业以及投资圈中的重量级人物。而随着一大批该领域大佬的加入，3W COFFEE 咖啡厅很快就形成了一股吸引效应，越来越多的人希望入场，但是也有更多的人却被拒之门外。越是如此，就越是能吸引更多有实力的投资人慕名而来，参与其中。

事实上，在 3W COFFEE 这一众筹模式里，没有哪个投资人会天真地以为出一点钱能给他们带来多么高的回报，但他们更看中 3W COFFEE 给予股东的人脉价值。

试想一下，如果你在投资 3W COFFEE 的过程中，在“股东圈”里找到了一个好项目，那么获得的回报又何止当初投资的一点点？

同样，那些创业者只要投资 3W COFFEE，就可以接触到当今中国最

[3] 许单单：3W COFFEE 咖啡馆创始人，拉勾网创始人、董事长，典型的“80 后”企业家。

顶尖的投资者以及一大批同样优秀的创业者。获得人脉的同时，又能向其他人学习，这笔买卖对其中的“会员”来说当然十分划算。

因此，可以说 3W COFFEE 的众筹模式堪称经典，该模式最适合在同一个圈子中的人共同投资去运作一个大家都想做的项目。

当然，任何模式都不能生搬硬套，直接拿来复制、粘贴。3W COFFEE 固然很成功，但是靠着人脉价值吸引投资并不适合所有领域。但是，互联网初创企业可以利用会员式众筹来创立一些实体餐厅、酒吧、私人会所等高端服务场所。

如今，无论哪个圈子都是文化盛行，加上国内的很多服务场所都无法满足圈内人士的需求，如餐厅食品卫生不合标准、会所有关门时间的限制等。但通过会员式众筹模式吸引圈内的资源和人脉进行投资，不仅能够筹集资金还能为未来项目提前锁定一大批忠实客户，而投资者也可以在无需亲自经营的情况下拥有自己的餐厅、会所、酒吧等，不仅提高了自己的社会地位，还可以获得丰厚回报，可谓一石二鸟。

2. 股权式众筹

有成功，就有失败。在股权式众筹中，美微传媒就是能够带给创业者启发的一个真实例子。

时光倒回至 2012 年 10 月 5 日，当时众筹之风尚未在我国兴起。

但在淘宝网中却悄然出现了一家名为“美微会员卡在线直营店”的淘宝店铺，其店主是美微传媒的创始人朱江，他曾在多家著名互联网公司担任高管。

在这家淘宝店中，用户可以通过淘宝购物来拍下相应金额的会员卡，拥有这张会员卡的会员不仅能享受订阅该公司电子杂志的权益，还能拥有相应的美微传媒的原始股份 100 股。2012 年 10 月 5 日～2013 年 2 月 3 日，美微传媒共进行了两轮公众募集，一共有 1000 余名会员参与了股权认购，总数为 68 万股，共募集金额 120 万元人民币。

美微传媒的这次淘宝众筹试水在业内掀起了巨大的风波，有很多人认为美微传媒的这次资金募集有非法集资的嫌疑，而随着这种声音逐渐增强，淘宝网于2月5日正式关闭了美微传媒的淘宝官方店铺，阿里巴巴对外解释的理由为“淘宝平台不允许存在公开募股的行为”。

与此同时，证监会与朱江进行了一次谈话，最后对外界宣布朱江的融资行为不符合规定，为此，美微传媒不得不向所有投资者全额退款。

根据当时我国《证券法》的规定，当企业向不特定对象发行证券股权，或者向特定对象发行证券股权累计超过200人时，就属于公开募股，必须要经过证券监管部门的审核才行。而美微无疑是踩到了“雷区”，于是这次“股权众筹式”的公募没有成功，但这却给后来者带来很大的启发。回过头看，2012年我国的众筹平台尚未成熟，所以美微传媒只能在淘宝店中进行众筹，而如今，随着互联网金融的发展，中国的众筹平台早已经数不胜数。试想，倘若美微传媒选择在2014年以后——众筹之风在中国兴起时进行众筹融资，以其之前在淘宝店获得的业绩，一定可以成功，可惜历史无法重演。

尽管美微传媒以失败告终，但其众筹依旧有亮点可寻，如门槛低、吸引力强，非常适合那些大众化的传媒、有创意的服务企业。

当然，为了避免政策风险，创业者在进行股权众筹时，不妨设立一个最低的门槛，提供符合最低门槛的服务与产品去吸引投资者，而且要注意股东人数的设置，并且选择具备实力的众筹平台，做好众筹前的准备工作。

上一节我们就提到过，众筹源于美国。其实在美国，风险投资非常发达，众筹则给予了创业者们一个更有效率的选择，即跳出传统的风险投资环节，直接投资那些自己喜欢、感兴趣的项目，并且迅速获得资本的升值。

换言之，当传统的生产方式已经无法满足日渐旺盛的生产力的需求，传统的融资方式就渐渐阻碍了新兴互联网金融的创新，那么众筹平台疯狂发展也就不足为奇。

相比之下，我国的创业者与投资者更缺少机会。在中国，投资机会相对较少，毕竟求稳的个性促使大多数投资人不愿意付出过多的资源与财富。

同理，那些怀揣梦想却没有资源的“梦想家”又很难找到敢于一次出资帮助他们的投资者，而众筹平台的出现，则刚好解决了这个问题。

总之，我国的众筹模式也在日趋成熟，股权众筹模式更是大势所趋，颇受创业者的欢迎。无论是想要创业却苦于没有资金的创业者，还是那些有闲散资金想要投资但是又无法独立撑起项目的投资人，只要敢于尝试，就一定可以通过众筹有所收获！

众筹路演开启融资之门

众筹路演，通常可以分为线上众筹路演和线下众筹路演，是指企业的项目代表向投资方讲解自己的产品、发展规划、融资计划，并且回答投资方的提问。其中，线上众筹路演主要是通过互联网社交工具，如QQ群、微信群、在线视频或视频直播网站等方式，对众筹项目进行互联网在线讲解；而线下众筹路演则主要通过活动现场的形式与投资人进行面对面交流和互动。

★ 路演助力众筹，轻松撬动融资大门

众筹路演也是“互联网+”时代新兴的一种模式。其优势在于可以同时集合多个投资者来认真倾听你对融资项目的讲解，还可以给双方提供一个思考、交流的时间，让投资人能够真正读懂你的项目，从而更利于后续众筹计划的实施。最值得创业者学习的路演众筹莫过于“东家”。

2015年4月27日下午，京东股权众筹平台——“东家”在线下举办了首场路演活动。在本次路演活动中，京东除公布其股权众筹线上路演的流程外，还公布了其线上跟投人的数量以及总募集资金数量。

自上线以来，短期内京东股权众筹平台“东家”的跟投人申请数量已累计达26000人，——这还是在京东为了保证跟投人质量，在只通过一半左右申请的情况下的人数。同时，“东家”共募集到资金11797万元人民币，

约占股权众筹大盘的2/3。

其实，京东线上股权众筹路演的主要目的如下。

其一，举行线上路演，可以很好地解决项目方、领投人以及跟投人之间信息不对称的问题，也可以将项目的亮点、风险等诸多方面呈现在跟投人面前，让跟投人对该项目有一个较为客观的认识，从而帮助跟投人更专业、更理性地做出相应的投资决策。一个好的项目借助众筹路演的形式来呈现，不仅可以将项目顺利地推广出去，也可以为融资方与投资人提供零距离接触的机会和场合，使投资人更好、更深入地了解项目。

其二，线上路演的第一步项目方需要建立与跟投人的路演群，这样就可以在群内如传统线下路演一般介绍自身项目的亮点、运营模式、募资金额以及股权出让等内容，同时领投人也可以就投资的理由进行阐述。

当然，不管是哪一种形式的路演，尤其是众筹路演，对项目众筹路演的讲解十分关键。就算你设计得再好，也要通过对以下要素的到位讲解，让投资人更加了解你，详见表3-1。

表3-1　众筹路演过程中创业者需要向投资人讲解的要点

要点	描述
企业简介	企业名称、成立时间、注册地区、注册资本、主要股东、股份比例、主营业务、经营现状以及发展前景等
管理团队	团队成员姓名、性别、年龄、籍贯、学历、毕业院校、行业从业年限、主要从业经历和经营业绩等
行业预测	行业的现状以及发展前景，对应市场的规模以及增长趋势，行业主要竞争对手，公司的行业地位以及竞争优势
财务分析	对公司现在的收入、毛利、净利以及增长率进行数据统计分析，并预测未来一段时期内将达到的阶段收入、利润和回报率
商业模式	商业模式包括商业经营模式和盈利模式，阐述自身商业模式的创新点以及行业壁垒
经营对策	对项目经营中可能会出现的经营风险以及解决对策进行预测

除了以上要点，在众筹路演过程中，如果不多加注意，一场项目众筹路演总会不可避免地出现一些问题。因此，项目众筹路演的现场一定要注

意以下事项，如图 3-1 所示。

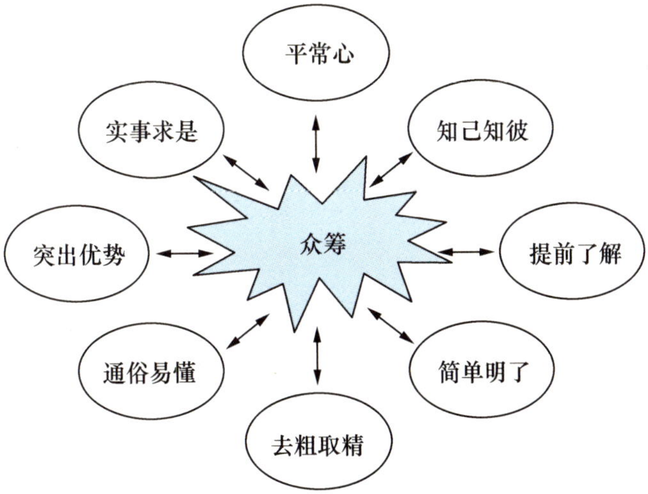

图 3-1　众筹路演注意事项

1. 平常心

总有一些咄咄逼人或乐于吐槽的投资人，但不要被他们不良的评论左右情绪，面对这些要坚持心平气和、不卑不亢。

2. 知己知彼

对市场的具体细节以及竞争对手要了若指掌，清晰了解竞争对手的产品和经营模式等方面。

3. 提前了解

要事先对项目众筹路演的参与者做到足够了解，基于“从听众出发”的原则，重点围绕投资人关注的信息来进行阐述。

4. 简单明了

制作的 PPT 要简洁明了，把一目了然的图片和深入浅出的文字相结合，商业模式、盈利方式、财务预测和市场竞争等核心内容要重点突出。讲解过程中要及时与听众的交流和互动，时刻带动着听众的情绪和思维。

5. 去粗取精

选择性地听取投资人的一些针对性意见，“去其糟粕，取其精华”，不要盲目自大。

6. 通俗易懂

在限定的时间内路演，不要搬弄大堆的专业术语，尽量采用通俗易懂的语言，让听众轻松了解项目。

7. 突出优势

重点应放在突出核心团队、商业模式、技术门槛、市场渠道等优势上，而非过度地强调企业的技术和产品。

8. 实事求是

用实际数据来说话，绝对真实地阐述企业目前的现状（包括产品以及运营状况等），避免以成功学的逻辑和角度去讲述。

利用众筹解初创企业燃眉之急

初创企业融资贵、融资难不只是体制问题，也是资金问题。

众所周知，就算是巨无霸企业，亦会面临资金的问题。况且，当有实力的大型企业融资供不应求的情况下，初创企业要与之竞争是何等困难。

★ 莫为资金愁白了头，众筹来解燃眉之急

网络众筹的出现，有效地帮助部分初创企业解了资金燃眉之急，包括缓解贷款压力、提供启动资金等。

在 2015 年的电影市场中，广受大众好评的《西游记之大圣归来》（以下简称《大圣归来》）就是通过网络众筹获得开拍资金的。

在 2014 年 12 月的一天，短短 4 个小时内，《大圣归来》就募集到了近 500 万元资金。制片方还专门成立了“西游电影众筹群”，一周内有 109 人加入，共计出资 750 万元。

为此，这些众筹参与者还有了一个共同的名字——“《大圣归来》的众筹出品人”。

可见，众筹不只是一个简单的网络金融产品，如果众筹成功还能提升投资人的参与度。

当“众筹”越来越多地走进国人视线，也与电影之间也结下了不解之缘。除了《大圣归来》，还有一部较为出名动画电影作品《大鱼海棠》和众筹有关。

很多人初次接触《大鱼海棠》这部影片，是从点名时间网的一次众筹活动开始的。

2013 年，共计 3996 位网友观看了该影片的短视频，在一个多月里共计出资 158.25 万元。

2013 年 11 月，《大鱼海棠》终于确定了投资方，开始进入制作阶段。

从 2005 年率先曝光了 7 分钟短片，到 2008 年打磨剧本，再到 2011 年因融资不顺而一度暂停，到 2013 年试水众筹，最后到 2016 年才得以上映……

一路走来，《大鱼海棠》的融资之路似乎颇为坎坷，起起伏伏，冷冷热热。

同样是电影众筹，《大鱼海棠》和《大圣归来》却是“冰”与“火”两种不同的状态，其中经验教训值得后来者细细琢磨。

并不是所有参与网络众筹的项目都能取得成功，而同类项目的成功也不等于下一个项目的成功。初创企业要想取得网络众筹的成功，一解燃眉之急，关键要做到以下几点，如图 3-2 所示。

图 3-2　网络众筹成功的关键

1. 众筹时间恰到好处

时间太长难免会让人厌烦，时间太短则难以造势。一般来说，众筹时间为 30 天的项目成功率最高。

2. 众筹目标合情合理

网络众筹既不能狮子大开口，也不能过于含蓄，导致筹集到的资金蜻蜓点水般派不上用场，造成资本浪费。

3. 给予支持者回报

除了要尽可能使投资者的回报率最大化，还要尽量给予投资者多种选择，如与项目产品相关的衍生品，最好有多种不同的回报项目供支持者选择。

4. 适当的项目包装

包装很重要，人人都喜欢美的事物和享受。通常通过电影宣传或视频包装的项目，可比一般的项目多筹得一定的资金。

5. 定期更新信息

只有不断用更新消息，才能吸引更多的支持者不断参与，同时鼓励支持者向周围潜在的支持者传播并支持你的项目。

6. 感谢你的支持者

及时向支持者发送电子邮件表示感谢，或者在相关的页面上公开发表感谢信等。总之，既然别人选择支持你，你也要让对方感受到尊重，让支持者觉得投资是值得的。

密码 2　网络众创：互联网时代，每个人都能让梦想和创意照亮现实

破局之思——为何说网络众创能点亮创业者的梦想

我国“互联网+”下的经济渐渐拨云见日，似乎创业者的眼前也开始呈现出美好的未来景象。伴随而来的是“两热一难”的现象——两热，指“创业热”和“创投热”；一难，则是“融资难”。

如今，创业的热潮一浪高过一浪，尤其是互联网行业的初创企业。让这些互联网创业者大呼过瘾的是，人们已经进入全民众创的新时代。

“创客”代表的是一个具有创造力的新群体，这些有梦之人聚集在一个叫“众创”的空间里相互学习、帮助、取暖。以最少的资金投入碰撞出无限创意的火花，这样的群体更易点亮自己的梦想，走向成功。

众创体系：“互联网 +”背后的“全民触网”行动

所谓网络众创，也可以称为“众创空间的网络化”或“互联网平台的众创空间”，**是指以网络为载体，通过市场化机制、资本化途径、专业化服务来构建低成本、便利化、全要素、开放式的新兴创意、创业服务平台。**

众创空间是与网络众创相对应的线下实体。简单来说，**众创空间就是给大家提供一个共同创意、创业的场所。**这种空间可以是现实的空间，也可以是虚拟的网络空间。

网络众创的出现，本身就是“互联网 +”时代的产物。而身处其中的人们就可以称之为“创客”。“创客”一词来源于英文单词“Maker”，指利用开源硬件和互联网，把创意转变为产品的人。《连线》杂志主编克里斯 · 安德森的新书《创客：新工业革命》，让“创客”一词闻名于世。

★ 让梦想变成现实的网络众创

在西方发达国家，“创客”的概念早就存在，只不过随着网络众创的出现才逐渐被人们认知。

2015 年 1 月 4 日，在国务院总理的倡导下，“创客”概念开始进入我国国民的视线。

2015 年伊始，李克强来到深圳柴火创客空间，首度亲密接触“创客”群体。他说：“你们的奇思妙想和丰富成果，充分展示了大众创业、万众创新的活力。这种活力和创造，将会成为中国经济未来增长的不熄引擎。”

随后，李克强主持召开国务院常务会议，确定支持发展“众创空间”的政策措施，为创业创新搭建新平台。

2015年2月，李克强在人民大会堂与60多名外国专家座谈。

针对专家的提问，李克强说："中国政府支持'创客'的发展，就是为了更多年轻人，让他们通过创新创业，再去淘新的'第一桶金'。"

2015年3月，在两会上，"创客"首次"闯入"政府工作报告，李克强再次赞扬"众创空间"："看到那里年轻人有许多奇思妙想，他们研发的产品可以说能够带动市场的需求。真是高手在民间啊，破茧就可以出蚕。"

2015年4月，李克强来到吉林大学，与大学生志愿者和"创客"交流。

他说："大学生第一位的是学习，既要向书本学习，也要向实践学习，通过创业等社会实训，让学到的知识更加扎实，更好地服务社会。政府、学校和社会都要营造良好环境，使更多人靠就业自立、凭创业出彩。"

2015年5月4日，李克强给清华大学的学生创客们回信，他在信中说："有机会我会去清华大学看望你们的创客团队。"[4]

"互联网+"时代，"智造"才是核心。网络无处不在，每个试图在互联网行业创业的人都可以轻松获取各种资源和渠道，通过好的创意，实现商业利益。这意味着，未来人人都有可能成为企业家。

网络众创主要有以下两大特点。

1. 网络化、专业化、集成化、市场化

这一特点能够有效实现线上与线下、创新与创业、孵化与投资相结合，为互联网初创企业的成长与创业者提供开放式的综合服务平台。

2. 容易获得相应政策扶持

我国政府正在鼓励"大众创业，万众创新"，相应的扶持政策自不会少。在这样的时代背景下，初创企业更易获得政策扶持。例如，简化登记手续、集中地点办公、工商注册便利等。当创业者有了政府的支持，投资人自然更愿意加入其中，参与更多融资活动。

[4] 新闻数据来源：中国网报道，《李克强总理为何频提"创客"：经济增长的不熄引擎》，2015年5月6日。

可以说，网络众创为初创企业成长和创新提供了低成本、便利化的综合服务平台，且覆盖空间范围更大。

纵观我国众创体系，网络众创主要分为以下 3 种类型，如表 3-2 所示。

表 3-2 网络众创的三大类型

类型	描述
聚合众创：社交群落类	此类网络众创平台大多是媒体，如“创业邦”“创业家”等平台。一方面，这些媒体有相应的内容、合作资源，能有效吸引创客加入；另一方面，创客本身也想加入这样的平台，以便传播自己的项目，吸引投资
众包资源：线下支持类	此类网络众创平台大多是传统企业，如海尔集团、联想公司等。它类似于之前出现的创业孵化器，不同之处在于孵化器更多的是本地资源，有局限性，而这类平台则可以帮助创客引入云端资源
数据交换：线上支持类	此类网络众创平台大多是大型电子商务企业和互联网企业，如阿里巴巴等。这类企业本身就有相应的技术创新人员，具有互联网基因和创新思维，并能够为创客们提供相应的服务，更容易与创客一拍即合

网络众创如何融资

也许你还记得几年前，我国以智能手机为代表的电子产品“山寨潮”席卷全国，甚至震惊世界。一部新型的手机上市第二天，同类型的“山寨”产品就出现在市场里。更令人惊讶的是，有时新品尚未发布，山寨机就堂而皇之地开始火爆销售了。

★ “山寨”成风终遭人唾弃，众创才是正道

之所以会出现“山寨”大行其道的局面，主要有两点原因：

一来它具有与网络众创“神似”的基因，只要快速反应、稍加变动、协同制造，尽管缺乏源头上的创意，却也不乏创意的东施效颦；

二来“山寨”的成本实在低廉，而当大部分国人的消费水平还未达到某一高度，价格低就不怕卖不出去。

但既然叫作“山寨”，就说明它的脑筋没有用在正道上，搞不好就侵犯了他人的知识产权，还涉嫌生产假冒伪劣产品。

这一现象最终在我国有关部门的严厉打击下宣告终结，至少在政府鼓励“大众创业，万众创新”的今天不再那么猖狂。

如此看来，网络众创才是正道，那么它是怎么进行融资的呢?

1. 吸引风投，攫取利益

目前，我国网络众创平台普遍可以为创客提供全方位服务，其中有一部分是免费服务，不管前者还是后者，创客都能节约一笔钱来用于后期研发。从获利途径上来看，众创主要是靠风险投资，用最小的资金攫取最大的利益。

2. 量身定做，政策支持

不管是创客还是普通创业者都需要资金支持。而网络众创平台在这方面能够为创业者提供更好的融资条件和大力的资金支持。加上政府也会给予“众创空间”一定的补贴，尽管不是直接发放到创客个人手中，但最终也是用在产品/项目的研发上，作为创客依然可以从中获利。

3. 融资服务，专业平台

随着创客群体的壮大，专门为这类人群提供服务的融资平台破茧而出。当今的互联网初创企业多如牛毛，存活率却不高，此时如果没有足够的资产来抵押，想从银行贷款难如登天。加上并不是所有的初创企业都能承受其他融资方式的成本，再不愿出售股权，基本上融资渠道就堵死了。而创客服务平台的出现无疑为初创企业解决融资难题又打开了一扇新窗!

网络众创怎样操作

“创客”一词的提出者克里斯·安德森认为，创客运动是一种全新的开放式创新模式，是DIT——Do it together，大家一起做，而不只是单纯的DIY——Do it yourself。

★ 网络众创是从创意到设计再到商业的过程

众创通常是源于一个人的兴趣或爱好，再联合一群人，将大家的创意放在同一个平台上，寻找相关人士的支持，最终完成从创意到设计，最后商业化的过程。那么，网络众创是怎样操作的呢？

1. 发起项目

网络众创首先要发起一个项目，发起人可以是自然人、企业法人或其他组织。

如果是自然人，则必须是完全具备民事行为能力的中国公民，或者长期居住在中国的非中国公民；倘若发起人未成年，则应由监护人代为履行相应的权利和义务；如果是法人或其他组织发起项目，前提是要具备合法性，同时拥有能在国内接受人民币汇款的银行卡或支付宝账号。

发起人在发起项目时，应先在网络众创平台注册，然后点击“发起项目”；接着根据各项提示提交相关信息，最后是“提交审核”，审核周期一般为 1 ～ 3 个工作日。目前我国比较受欢迎的网络众创平台如图 3-3、图 3-4 所示。

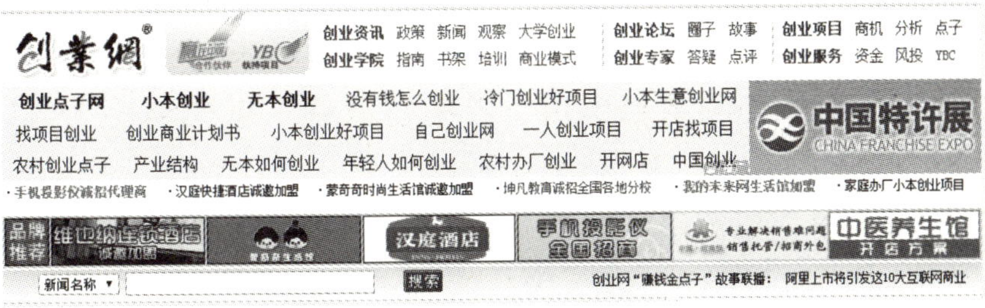

图 3-3　目前我国比较受欢迎的网络众创平台 1

图 3-4　目前我国比较受欢迎的网络众创平台 2

具体可发起的项目有出版、娱乐、生活、农业、科技等类别。

除了发起的内容要合法外，还必须是创意和半成品项目，成品不在此范围之内。在发起过程中，必须对每个发起的项目做详细的介绍，例如：

- 你是谁？
- 你为什么需要支持？
- 你的项目进展与风险是什么？
- 众创成功后有哪些回报？

……

2. 赢得支持

项目的支持者也要先在网络众创平台注册、登录，当看到有自己中意的好项目时，就可以点击“支持”按钮，选择支付宝或网上银行等方式充值，支持相应的项目。

充值成功后就可以在众创平台上消费，但无法提取现金；除非融资项目宣告失败，否则无法单方面取消订单；一旦项目融资失败，创业者支持的金额就会自动返还到相关账户中。需要说明的是，尽管项目已经经过平台证实，但也不能保证所有项目都成功融资。

互联网初创企业如何“创客化”

网络众创虽然主要依托网络平台来进行，但是其中一个要点就是需要对企业进行升级改造，这也可以理解为初创企业的“创客化”过程。

★ 从产品思维到用户思维是给每个初创企业提出的重大考验

当初创企业发展到一定阶段，就要从产品思维转向用户思维。今天越来越多的互联网初创企业需要去问问自己的用户：到底需要什么样的产品？需要什么样的体验？要解决哪些痛点？如何让用户尖叫……可以说，从产品思维切换到用户思维，是给每个初创企业提出的重大考验。

在这方面，最值得初创企业学习的莫过于海尔企业。

2014年12月，“空气魔方”在海尔互联网转型的“全员创客化”平台上诞生了。

这个新品通过与81万用户进行交互沟通，从产品设计、研发到成型仅耗时半年时间就实现了量产。

海尔空气质量解决方案“创客”朱振学在接受某杂志专访时说：“这样的创新尺度和研发速度，在传统的制造产业是很难想象的。”

朱振学从上海交大毕业后就进入了海尔，在海尔工作了22年，创造了海尔产品历史上多个第一，包括从第一台交流变频、第一台直流变频，到第一台自由组合的产品，以及海尔天樽、帝樽空调的结构设计和研发。

如今，海尔的互联网转型，让这个曾经的技术狂人迅速成为一名名副其实的“创客”。

用朱振学自己的话说：“过去做产品，通常都是企业自行定产、定价、定规格、定型号，然后推向市场。”朱振学回忆以前做产品研发时，几乎都是这样的套路：“顶多是选一些用户代表，商谈一下基本的市场需求，产品思路就算定型了。”

据悉，在海尔近200个“创客”团队中，创客们不断通过互联网探知用户需求，和用户实时交互，从而将更好的创意变成产品。而这样的转型之道正在推动每个海尔员工转变成“创客”。

那么，互联网初创企业的创业者们，怎样才能实现从产品思维到用户思维的切换，成为能吸引投资的优秀“创客”呢？

1. 接地气、乐分享

脸萌团队在设计开发产品时，走的就是贴近用户的路线。该APP在产品升级时，不做任何弹窗，防止骚扰用户。并且，为了让头像变得更好玩，添加了用户可以在头像上加上自己喜欢的文字的功能。在新版本中，脸萌团队不惜加入了自嘲的头像，命名为“脸萌滚出盆友圈”，略带幽默的自己调侃造成了被用户刷屏现象。

因为可爱、搞笑，原本普通的头像带上了具有互联网思维的社交元素，如图 3-5 所示。

图 3-5　脸萌官方网站（PC 电脑版）官方示意图

全民一起分享“恶趣味”、一起互动，这就是大部分用户想要的感觉。再高深的东西，只有好玩，大家才会乐于分享。

2. 参与感、开放、自由、平等

在中国，你走白领路线，可能只有你自己觉得清高，结果通常是只赚到了吆喝，却换不来红利。如今，一向以高贵面孔示人的奢侈品牌，也开始放下架子，走轻奢路线，其目的就是要让更多普通用户参与进来。

在这个互联网时代，普通用户群有着改天换地的本领。互联网上的普通用户手里有千军万马，大家口口相传。任何想加入进来的人，都要在服务普通用户上下功夫，所以，不要把你的参与者分为三六九等。

对创业者而言，只有打造出让大多数人满意的口碑产品 / 项目，才会吸引更多投资人的目光。

密码 3 网络融资：享受高效互联网服务，定义你自己的金融

破局之思——为何网络融资能帮助创业者高效融资

资本市场风云变幻，新的“独角兽”随时都可能诞生。

随着我国互联网技术的发展，企业业态、商业模式不断创新，企业发展的市场空间也进一步扩大，同时，互联网为企业打开了一扇融资的新窗口，如网络融资。

自从阿里巴巴推出了“余额宝”，近几年的我国资本市场就刮起了一场“互联网金融风暴”，网络融资更是成为一种新兴的融资工具。与传统的融资渠道相比，通过互联网平台进行的网络借贷，其门槛更低，也更平民化，这对有极大融资需求的互联网初创企业而言，无疑是一件可以高效利用起来的好事。

银行贷款大势已去，网络融资争相登场

2016 年 7 月 7 日，上海交通大学互联网金融研究所、京北投资、IT 桔子联合发布了《2016 上半年中国互联网金融投融资分析报告》(以下简称《报告》)，公开数据显示如下。

2016 上半年中国互联网金融投融资市场发生的投融资案例共计 174 起，获得融资的企业数为 168 家（其中有 6 家获得了两轮融资），融资金额约为 610 亿元人民币。2015 上半年共发生 208 起投融资案例，互联网金融投融资金额为 181 亿元人民币。在投融资案例数方面，2016 上半年的投融资案例数同比降低 16.35%，显示了资本“寒冬”与监管趋紧的同时，投资机构的相对谨慎；在投融资总额方面，与 2015 年同期数据相比，2016 上半年的互联网金融市场投融资规模增长达 337% 以上，并已经达到 2015 全年度

互联网金融市场投融资总额944亿元的64.61%，单笔投融资额上升明显。

投融资案例数时间分布、金额时间分布、案例数行业分布、投融资规模分布的具体情况如图3-6～图3-9所示。

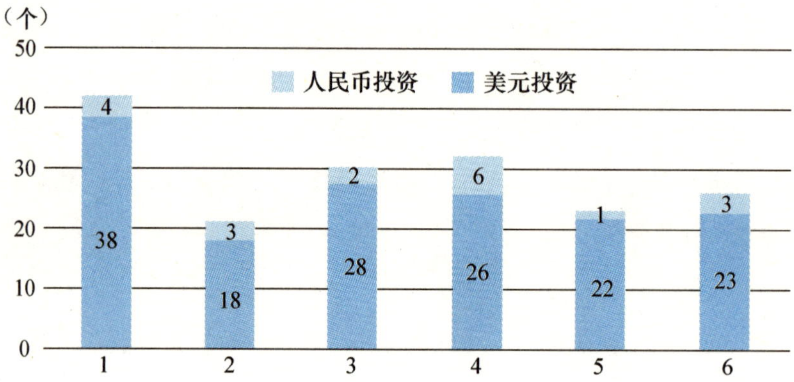

图3-6 《报告》公开数据之投融资案例数时间分布

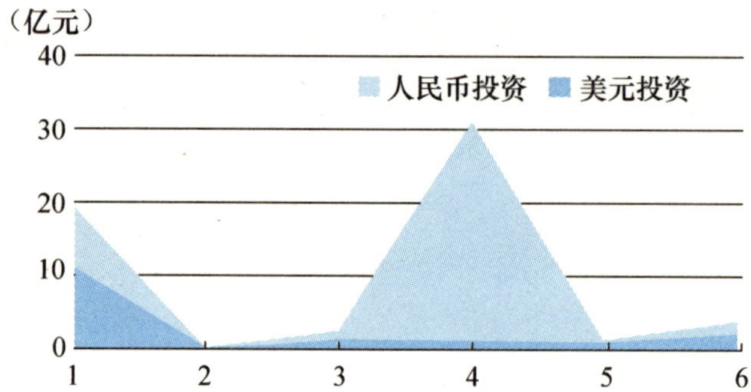

图3-7 《报告》公开数据之投融资金额时间分布

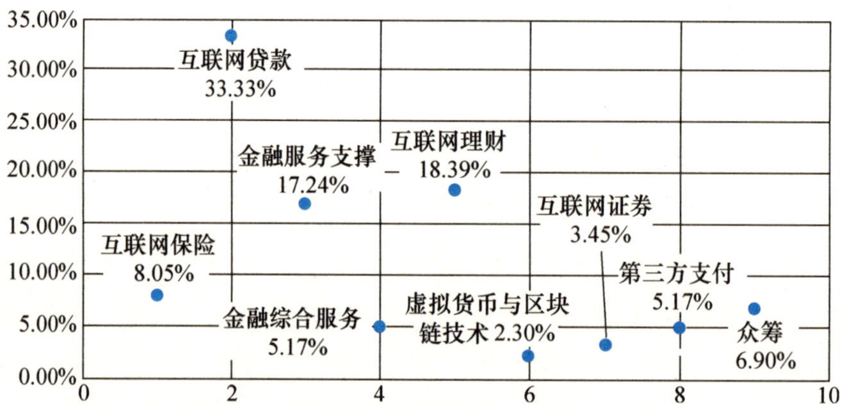

图3-8 《报告》公开数据之投融资案例数行业分布百分比

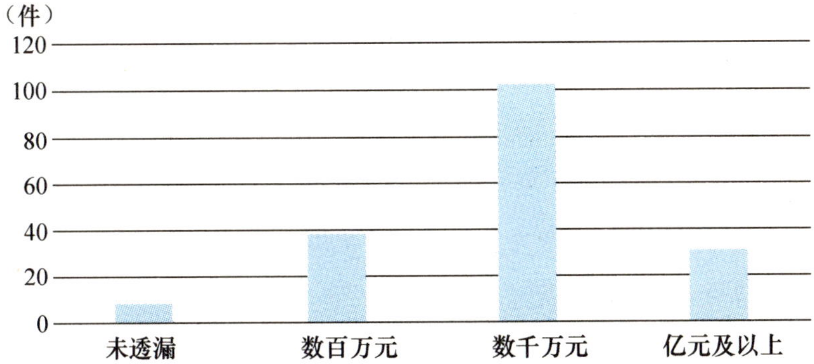

图 3-9 《报告》公开数据之投融资规模分布

从以上数据来看，在未来一段时间内，网络网融资必将持续受到关注，成为融资领域的“新风口”。

简单来说，网络融资是指建立在互联网中介服务基础上的企业与银行等金融机构之间的借贷活动，同时也是互联网技术在金融领域的具体应用，是互联网金融的重要组成部分。

其优势是：

- 降低了企业的融资成本，方便且实用；
- 打破了时间和空间上的限制，有效破解企业融资难题；
- 与传统融资相比，企业轻松实现贷款的申请、审批、放款等流程。

在这样的情况下，网络融资无疑是初创企业“救命稻草”。

2015 年 7 月 8 日滴滴快的公司[5]宣布，已经完成了 20 亿美元的融资，新的投资方包括资本国际私募基金、平安创新投资基金等多家全球知名投资者，阿里巴巴、腾讯、淡马锡、高都资本（Coatue Management）等现有股东也都追加了投资。

滴滴快的总裁柳青表示，本轮融资从 2015 年 6 月 22 日开始，仅用了两周的时间。并且，由于全球投资者热情高涨，滴滴快的将融资额度从 15 亿美元提升到 20 亿美元。

[5] 滴滴快的公司：2015 年 2 月，滴滴、快的实现战略合并。滴滴打车 CEO 程维及快的打车 CEO 吕传伟同时担任联合 CEO。

但本轮融资中还有数亿美元的剩余额度，未来还将有新的投资方加入，预计本轮融资全部结束后，融资金额将远超20亿美元。

柳青透露，本轮融资完成后，滴滴快的公司将拥有超过35亿美元的现金储备。

滴滴快的本轮融资是迄今为止全世界规模最大的一笔非上市公司融资，也是中国移动互联网领域最大规模的融资。[6]

事实上，网络融资对于企业和资本而言是双赢之举。

一方面，对企业（尤其是对“烧钱”的互联网行业）来说，网络融资更能满足自身的融资需求，也更加便捷；另一方面，对投资人来说，网络融资降低了经营成本，运作更为灵活、效率更高。

★ 当传统融资模式大势已去，初创企业应及时与网络接轨

在移动互联网时代，更强调去中心化，传统的融资模式正逐渐被淘汰，新兴的融资模式各具特色，且往往不可复制。放眼我国网络融资市场，目前已经形成的3种典型网络融资模式，这或许可以令初创企业更易融到钱。

1. 众筹

在前面章节我们已经谈到众筹，在此不再赘述。

值得一提的是，近几年，由于众筹方式灵活、门槛低，并且企业可以在融资过程中顺便宣传项目，因此，这种融资方式越来越得到初创企业的青睐。

2.P2P 贷款

P2P 英文 Peer To Peer Lending，也可以称之为“人人贷”，是指投资人通过有资质的贷款平台，将资金贷给有借款需求的人。

目前，P2P 贷款业务运作模式主要有：

- 以宜信为代表的债券转让模式；
- 以拍拍贷为代表的传统模式；

[6] 相关资料及数据来源：余一，《滴滴快的完成20亿美元融资》，腾讯科技，2015年7月8日。

• 以人人贷为代表的担保模式；

• 以有利网为代表的平台模式。

初创企业若想选择一个安全、稳妥的P2P平台，需要谨慎思考以下事宜，如表3-3所示。

表 3-3　初创企业选择 P2P 平台需要思考的事

思考	分析
网站	具体要看运营 P2P 网贷平台的公司是否具备完善的开发技术以及强大的金融背景
资金	企业要足够了解 P2P 网贷平台是否具有信用担保这项功能。唯有引入第三方资金托管的平台，才能有效降低 P2P 资金流转过程中的风险
保障	如今在国内，众多 P2P 网贷平台都推出了本金保障计划。有个金融界的真理：再大的收益都少于本金。对于资本，也就是投入方来说，保障自己的本金才是最根本的安全需要

3. 电商小贷

电商小贷是指各大电商企业利用自身拥有的巨量企业真实交易信息数据的优势，搭建起来的网络融资平台，进而为置身其电子商务平台上的一些小微企业提供一定额度的贷款服务。

目前，我国的电商小贷已经成为发展速度最快、交易规模最大的网络融资方式。

首先，由于依托网上支付平台来进行转账，电商小贷更加省时便捷，大幅度提高了融资的效率，降低了融资的成本，因此受到许多初创企业的青睐。

其次，电商小贷这一融资平台能够很好地对贷款企业的实时动态交易信息进行相关监控，这有利于其跟踪初创企业的经营状况、信用等级以及发展动向，从而能够对违约风险起到最大程度的监控和防范作用。

网络银行：开启新互联网金融时代

随着互联网企业在金融领域不断取得商业模式上的新进展，越来越多的传统银行意识到，互联网对金融模式的再造、数据的作用越来越明显。

这促使许多传统商业银行开始建立自己的网络平台，并给予初创企业更多的便利，让虚拟与现实相互融合、渗透。

面对互联网金融带来的挑战与机遇，招商银行并没有像其他商业银行那样简单地进行客户端改革，而是纵向延伸改革发展。

2013 年，招商银行推出了专程面对中小企业（尤其是初创企业）办理互联网金融业务的互联网金融平台——“小企业 E 家”。

作为招商银行推出的第一项互联网金融平台，“小企业 E 家”充分融入了平等、开放、协作、分享的互联网精神，该平台调动与整合了招商银行所有的互联网资源，打造了一个开放综合的新兴金融服务平台。

其实，“小企业 E 家”就是招商银行发挥自身网上银行的既有优势，而后针对中小企业融资难的问题，创新开发的一个网络融资平台。客户既可以从该平台进行投资理财，也可以在该平台发布融资项目，操作十分方便简单。

比起以往的融资途径，“小企业 E 家”服务更透明，同时充分利用了招商银行自身对风险识别以及管控的能力，最大限度地减少了信息不对称以及交易成本，通过互联网创新实现了投、融资者之间信息、资金的开放透明，并且建立了一个有效的互动与交流平台。

★ 互联网初创企业融资的好消息：中国经济互联网化

2013 年的秋天，国家工商总局信息显示，阿里巴巴和民生银行在杭州签署了战略合作框架协议，苏宁银行股份有限公司也已经通过工商注册核准。

尽管已经意识到问题并正在试图改变，但能否跟上转变的速度，是传统商业银行在互联网环境中重大的考验。

商业银行与互联网企业究竟谁会战胜谁，我们无从定论。但二者相互促进、学习、借鉴、融合，形成的竞争关系将促进我国金融新生态的建设与发展，而这对于互联网初创企业的融资无疑是个好消息。

不仅如此，好处具体还体现在以下方面。

1. 网络银行优势凸显，传统银行优势逐渐弱化

有足够的财力是银行最大的竞争力。曾经只注重为 20% 的高端客户服务的传统银行，通过开发网络平台系统，将剩余的 80% 客户群也纳入银行的服务范围。

一来普通客户也将在传统的金融机构里体验到被重视和服务的感觉。

二来中小企业对公个人消费贷款、融资、贷款等业务陆续推出，其反映也被银行逐渐吸收。

互联网能够将单一、标准化的产品以极低的成本推出并不断复制。

未来的标准化金融产品必定是在线销售的互联网产品。例如，阿里巴巴的余额宝业务实质是货币基金。传统银行的强项是销售金融产品，但是自余额宝上线以来，所有银行的货币基金总销量竟然还抵不过一个余额宝，这就是互联网企业在金融领域的成果。

目前来看，互联网企业还在不断拉大对银行的竞争优势，如此一来，在未来的互联网经济时代，初创企业的融资也会因网络平台及大批网络银行的兴起而变得更加便利。

2. 从单一的产品竞争转变为商业形态的竞争

平安银行、浦发银行、兴业银行、上海银行……越来越多的银行在组织架构方面进行大幅调整。

其实，这些银行在多年前就已经展开调整。但互联网金融并不是比谁快，更重要的是谁最后能活下来，并且活得久。在层层监管下的银行尽管不断变革，注重风险控制，在社会经济活动中有序平稳地运行，但却缺乏了像互联网那般对风险的无所畏惧。如果什么都不敢想，什么也不敢做，再多形式上的变革也只是“披着互联网的皮，做着传统银行的事”。

在互联网时代，竞争的本质也从单一的产品竞争转变为商业形态的竞争。作为互联网初创企业，不仅要建立开放型组织，更要帮助客户创造价值，这样才能成为新商业生态的强者，从而吸引更多资本的注意。

并不神秘的“供应链金融”

供应链金融，听上去似乎让人有些陌生，但其实也并不神秘。目前，我国的供应链金融主要是针对电子商务企业，如果你是一家做电子商务的互联网初创企业，那么就很有必要揭开“供应链金融”的面纱。

电子商务，是指在网上完成全部交易流程的交易行为。但是我们要知道，目前电子商务绝大多数都处于O2O领域，交易的商品也主要是电器、服装、化妆品、数码产品、食品等，而类似于汽车、钢铁耗材等大额交易很少出现。究其根本，症结在于资金不足。

对互联网初创企业而言，进行大额交易时很有可能一次就会掏空所有现金，如果此时资金链出现问题，那么企业就会面临破产倒闭的风险。

虽然通过小微信贷，电商可以向企业提供无须担保和抵押的纯信用贷款，但是这也决定了小微信贷所提供的贷款额度较低的现状。例如，阿里金融的最高授信额并不高，而这对于那些一笔交易就动辄上千万元人民币的互联网初创企业无疑是杯水车薪，那么遇到这种情况，互联网初创企业该如何生存呢？

还好，供应链金融应运而生。

截至2014年3月，京东商城、苏宁易购、易钢在线等电商巨头都已经在逐步开展供应链金融业务。京东商城、苏宁易购等以O2O为主的平台主要发展方向为收账款融资、订单融资、委托融资、信托计划等；而像钢联、易钢在线等平台则主打代采购托盘、现货抵押、仓单质押、统购分销等服务。

首先，供应链金融的融资对象必须是在电商平台内有贸易往来的注册会员，与传统贸易融资相比具有很强的排他性。其次，通过供应链金融获得的融资必须在特定的电商平台内交易与使用，具有定向性。最后，并非任何电商企业都具有构建供应链金融的能力，只有那些规模较大、资质较深的电商平台才有资格，具有一定的入门标准。

★ 供应链金融是互联网初创企业的救星

所谓供应链金融，就是金融机构围绕着核心企业，通过统一管理，协调上下游企业的资金流与物流，把以往单个企业无法掌控的风险分摊到整个供应链企业上，通过各类信息的共享，将风险降到最低的一种互联网金融服务。

简单来说，就是电商企业为其平台下的企业提供担保，帮助他们从银行获得贷款，然后通过资源整合、全程控制，保证这笔贷款获得最高的利用率。

供应链金融与传统的贸易融资不同，它是基于电商平台之下的核心企业的资质，而后捆绑上下游企业，并且在交易时接受监督与管理的一种金融模式。

供应链金融的独特之处在于它是一种三方共赢的互联网金融服务。

1. 银行可以获得更多优质靠谱的客户

对银行来说，他们最需要的就是优质并且可靠的客户，而电商平台通过交易记录和信用记录作为考察标准，经过层层筛选出的企业，无疑可以达到这一标准。而且，通过电商平台的金融供应链获得的资金只能在平台内部进行交易与使用，这一点同时也保证了资金的安全，对银行来说，何乐而不为?

2. 电商平台客户可以获得更多融资机会

首先，各个电商平台的客户可以通过电商平台提供的渠道获得更多的融资机会，并且降低自己的融资成本，用更灵活的方式获得银行的授信，迅速解决自身资金不足的问题，保证企业的正常运作与高效运作。其次，电商平台的融资渠道可以促进客户在该电商平台进行更多的交易，并且获得更高的信用，形成良性运转。

3. 企业获得更多授信额度，企业资金良性循环

对电商平台来说，通过供应链金融，除了能够为自己的平台带来十分可观的融资佣金之外，还能更深入地参与到客户的经营过程中去，确保平

台能够与客户进行无缝对接，增强客户对平台的依赖性，进一步与客户建立紧密的合作关系。

除此之外，当大笔资金注入平台后，交易活动无疑会更加频繁，而此时企业对资金的需求量也会更大，也就能带动更多的客户进行融资，最终可以获得更多的银行授信额度，形成一个良性循环。

P2P 网络贷款：站在网贷前沿

P2P 是 Peer to Peer 的缩写，指局域网中的计算机可进行对等交互；同时，P2P 也是 Person to Person 的缩写，指的是人与人之间直接对接。

而如今，P2P 的外延已经成为一个金融词汇——P2P 借贷（Peer to Peer Lending 或 Person to Person Lending）。根据我国银监会与小额信贷联盟的公文显示，P2P 借贷的中文官方译名为“人人贷”。那么，P2P 网络借贷平台起源于何处，如表 3-4 所示。

表 3-4　P2P 网络借贷平台的起源

平台	描述
Zopa 平台网站	詹姆斯•亚历山大、理查德•杜瓦、萨拉•马休斯和戴维•尼克尔森 4 位年轻人共同创办了一个叫 Zopa 的平台网站，并于 3 月在伦敦正式上线运营，为有资金需求和有闲置资金的个人用户与小型企业提供了一个互动平台。该网站于当年被评为“全球首家 P2P 网络借贷平台”
Prosper Market place	美国出现了提供类似借贷服务的 Prosper Market place
拍拍贷	我国第一家 P2P 网络借贷平台“拍拍贷”正式上线运营。该借款方式比银行贷款更加方便灵活，所以迅速在全球范围内被广泛复制。如日本的 Aqush、德国的 Auxmoney、冰岛的 Uppspretta、西班牙的 Comunitae、韩国的 Popfunding、巴西的 Fairplace 等

★ 依托互联网平台的 P2P 借贷同样具有法律效力

P2P 网络借贷指的是，个人与个人之间的小额信用借贷交易，一般需要借助电子商务专业网络平台帮助借贷双方确立借贷关系并完成相关交易手续。

创业者可以发起借贷，通过互联网建立某种规则，对金额、风险、期限、利率等因素进行匹配，实现信息的流通与交互。

值得一提的是，借贷双方签署的电子合同同样具有法律效力。这种借贷关系的特点是以信用为基础、金额较小、发起方式灵活、利率较高。

1. 本质是民间小额借贷

P2P借贷的本质是一种民间小额借贷，可追溯到个人互助借贷模式。例如，你在急用一笔资金时，可以通过亲朋好友和社会团体来解燃眉之急。

而随着互联网技术的普及、发展，信息传播的范围、速度打破了时空的限制，这种小额借贷关系逐渐渗透到陌生人之间并由此诞生了P2P借贷模式和专门提供P2P借贷服务的网络平台。

2. 发展规模有待继续扩大

P2P借贷与传统的金融行业相比，整体规模还很小，但其生命力和持续的创新力都很旺盛。在提高借贷的成功率等方面，各国根据不同的背景环境，对P2P借贷进行了多种形式的创新和完善；P2P网络借贷平台也在发展过程中不断自我革新，以应对监管的需要和环境的变化。

3. 极具发展潜力的网络融资方式

关于P2P网贷，很多人还不太熟悉。目前，业内普遍认为P2P借贷或将面临一次自我革命。有业内人士预测，在未来的发展过程中，一些有实力的网贷公司将有可能兼并一些不规范中小型网贷公司；而那些专注于P2P借贷的公司将与互联网公司和金融服务机构合作，不断优化产业链，形成一个巨大的“互联网金融产业集群”。

无论如何，P2P都是一种极具发展潜力的网络借贷模式。P2P网贷弥补了传统商业银行在资金处理效率与增值服务方面的不足，拓宽了中小微企业的融资渠道，并解决了借款人与放款人信息不对称的问题。

在未来，P2P借贷模式发展的根本动力来源于借贷双方的热情——中小微企业的融资需求和民间资本的投资热情，再加上互联网技术的支撑，其发展优势愈加明显。

如果说互联网金融是这个时代的潮流，那么网络贷款就是这浪潮中的一朵浪花。颇为讽刺的是，面对互联网金融强势来袭，传统银行也深一脚、浅一脚地踏了进来。在未来，P2P 互联网贷款模式还会向多元化方向发展。

说到底，这不只是我国扭转信贷业务配置不佳的需要，也是互联网初创企业解决融资难问题的需要。

密码 4　内源融资：人财两得，将融资成本控制到最低

破局之思——为何要考虑内源融资

随着我国市场经济建设的迅速发展，初创企业如雨后生笋般蓬勃发展。但据我国银监会统计，我国银行的贷款主要投放给了大中型企业，初创企业的贷款覆盖率仅为20%。

内源融资，也叫内部融资。与其他融资方式相比，这种风险最小、成本相对较低，融资后的资金有灵活自主等优势。这有利于初创企业对企业发展初期财务风险的控制，从而确保企业稳健发展。

融资，选择适合的方式为宜

融资的渠道和方法有很多。自我国加入 WTO 后，国内的金融、融资机制也在不断优化、改进。这些客观环境对初创企业资金的筹集产生了良好的影响。

初创企业可以融资的对象不外乎个人、风险投资机构、银行、企业、资助基金；经营渐趋稳定的企业不妨考虑企业、风险投资机构、银行。适合向个人融资的时候选择风险投资机构或银行，结果会付出高成本，有时还不一定能成功；在企业具备一定规模之后，则应考虑在金融市场直接融资，成本低廉。

至于选择哪个对象进行融资，则需要综合考虑时机和成本。

★ 融资，宜选择合适的方式

除了传统的自筹资金、银行贷款、保险单、有价证券、退休金、房产抵押等之外，还有这一部分将要详细论述的直接融资、网络众筹、网络众创、网络融资、项目融资、风投融资、股权融资、上市融资等新兴融资方式。

以下是对几种常见传统融资方式的简要分析，如表 3-5 所示，不管最终选择哪一种融资方式，前提是要适合初创企业自身的运营和发展。

表 3-5　几种常见的传统融资方式简析

方式	分析
银行贷款	银行贷款是初创企业耗费最大努力去尝试的融资渠道，虽然困难重重，成功率非常低，但仍有众多初创企业乐此不疲。与目前初创企业过度依赖银行贷款形成强烈反差的是，初创企业从银行获得的贷款不足银行系统贷款总量的 20%
债券融资	通过银行、信托公司发行企业债券，是初创企业融资的途径之一。可惜，企业在这方面的尝试不多，有待拓展。各国对初创企业发债都有政策规定，而中国鼓励基础设施建设，如水利、水电、道路、桥梁等工程，取得这些项目资格的初创企业不妨考虑发行企业债券
利润融资	初创企业经营中形成的利润，若不进行分配，而是投入新项目或扩大企业生产经营，以谋求更多的收益，实质上也是一种融资行为，相当于所有股东按权益比例对企业注资。有研究资料表明，中国初创企业的业主资本和内部收益留存分别占企业资金来源的 30%。多数初创企业的利润金额比较小，杯水车薪。初创企业如果依靠利润累积实现发展，或需等待很多年
政府基金	为促进初创企业的发展，各级政府依据我国实施的《中华人民共和国中小企业促进法》设立了各种促进初创企业发展的基金。如初创企业发展基金、创业基金、科技发展基金、扶持农业基金、技术改造基金等。可惜从实践结果来看，门槛不低，金额有待提高，急需扩容
租赁融资	将传统的租赁、贸易与金融有机地结合在一起。较常见的操作方式是，出租人根据承租人的需要，购买设备供其长期使用，依据合同收取租金。出租人可以是银行也可以是实力雄厚的设备出租商或生产制造商，承租人为需要融资的企业。当初创企业需要使用某种设备，但自身资金有限而又贷款困难时，金融租赁不失为一种三方共赢的选择。缺资金的企业用上了急需的设备，银行发放了抵押贷款，生产商销售了设备。金融租赁融资通常需要初创企业交付相当于融资额 20% ～ 30% 的保证金。租赁融资渐成气候，初创企业经营者不妨多加关注，巧借其力

互联网初创企业的首选：内源融资

内源融资，也叫内部融资，是指企业筹集内部资金的融资方式，即将自己的闲置资产转化为投资的过程，不涉及企业资金所有权、控制权的变更或转移，融资成本低、效益高。常见的是企业以自有资本、折旧基金和留存利润来增加经营资本。

在资本市场经济发达的西方国家，内源融资占企业总融资的比例英国最高，为81.17%；最低的是法国，为42.19%。相比之下，中国只占29.69%。

与内源融资相对应的是外源融资，主要包括银行贷款、资本市场融资、政府基金融资、信用担保融资和民间融资等。通常只有当初创企业内部融资不足时，才会进行外部融资。

业内人士通常又将外源融资细分为直接融资和间接融资。民间融资、债券、股票是直接融资，银行贷款、政府基金融资、信用担保融资是间接融资。对此，我们将用前两个篇章分别介绍最为常见，也最适合初创企业运用的内源融资以及直接融资。

★ 靠人不如靠己，尝试性地在内部融资

大多数初创企业在创办初期都是靠自己的资金，或者向亲朋好友借贷来填补资金空白。初创企业应该做好这样的心理准备：从起步开始，可能在短时间内都找不到风险投资或是银行等金融机构的支持。此时，最主要的融资方式便是内源融资。

初创企业的内部融资主要有以下特点：

- 成本低；
- 风险小；
- 规模小；
- 灵活自主。

在进行内源融资之前，创业者还应理性认识到内源融资的优缺点及具体融资方式。

1. 内源融资的优缺点

由于内源融资是企业的自有资金，因此在使用时有较强的灵活自主性，受外界影响较小。内部融资的最大优势是财务成本低，对初创企业而言要承担的风险相对较小，企业无须向外界额外支付相关成本费用。且内源融资不存在支付危机问题，因此也不会出现财务风险。

内源融资的缺点是由于初创企业自身积累能力不足，融资规模会受到一定的限制。

内源融资的优缺点对比如表 3-6 所示。

表 3-6　内源融资的优缺点对比

优点	缺点
灵活自主	融资规模有较大限制
融资成本较低	分配股利的比例会受股东限制
不会稀释原有股东的收益和控制权	不利于吸引股利偏好型的投资人
股东获得税收上的益处	股利过少，可能影响今后的外部融资

可见，尽管内源融资的风险相对较低，但也有缺点。初创企业如何选择，还要根据具体的情况加以定夺。

2. 内源融资的融资方式

内源融资是依靠企业内部积累进行的融资，这也是初创企业进行外部融资的基础。

内源融资的具体形式主要有以下几种：

- 应收账款融资；
- 留存收益融资；
- 内部集资；
- 变卖融资；
- 典当融资。

总体来说，融资成本低、风险小是内源融资的最大亮点，因此初创企业在具体操作过程中，可以将这一融资方式作为首选。

分配好内部股，人财两得

内部股，顾名思义，是指在企业内部向企业员工发行的股票，也叫“员工保留股股票”。在我国，人们习惯性地将这类股票成为“内部职工股”。

★“内部职工股”知多少

“内部职工股”主要是针对初创企业的股东、企业管理层、相关合作伙伴以及股东亲友团使用发行企业内部股的一种方式，将大家的利益捆绑在一起，这对一家初创企业的壮大、发展无疑具有积极的作用。但即便是在企业内部发行的股份，也始终与利益挂钩，初创企业在发行股份前应看清其好处和具体形式。

1.“内部职工股”的好处

企业发行“内部职工股”的好处如图 3-10 所示。

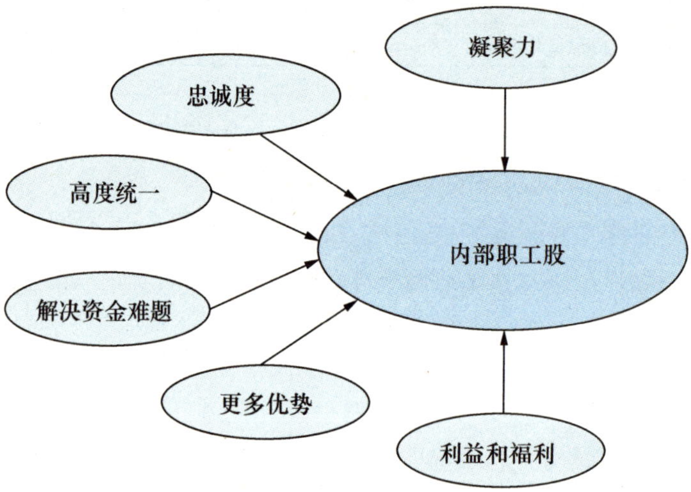

图 3-10　发行“内部职工股”的好处

- 提升企业内部凝聚力；
- 利于建立管理层员工的忠诚度；
- 使企业利益与个人利益高度统一；
- 在一定程度上解决企业运作资金方面的难题；

- 与其他融资方式比有更多优势；
- 让企业内部人员享受到了利益和福利。

尽管发行“内部职工股”好处多多，但也存在一定风险，这需要初创企业格外关注：

- 没有响应的约束手段；
- 管理不规范，职工持股易流于形式；
- 持股形式过于分散，不够规范；
- 股权分散使持股人无法参与企业经营管理；
- 持股人对于提升企业经营业绩的作用难以体现；
- 职工持股大部分处于无规划的状态；
- 对后续企业上市可能产生不利影响；
- 非上市的定向募集股份企业内部职工股，目前是法律监管的“空白地带”。

2.“内部职工股”的形式

“内部职工股”通常有以下 3 种形式：

- 向内部员工定向募集；
- 其他途径设置的内部职工股；
- 向职工配售。

向内部员工定向募集是在定向募集股份企业成立时，针对内部职工募集资金的形式，也是最常见的“内部职工股”形式。

向职工配售是上市企业在新股开始发行时，向职工配售股票，配股额度控制在流通股本 10% 以内。这种形式的股票可以在发行新股上市半年后上市流通。

其他途径设置的内部职工股，是股份企业在成立或经营的过程中，通过其他途径来设置的内部职工股。

留存收益：挖掘潜力，适时追加投资

留存收益是指自企业创办以来，从每年的利润中提取或者留存企业中的一部分内部积累资金。在企业将历年来的内部积累资金转化为投资的过程中，企业生存经营所得的净利润不做分配，而是再次应用到企业发展建设中。

★ 企业留存收益融资 = 盈余公积 + 未分配利润

可见，留存收益主要源于企业在生产经营活动中所实现的净利润。Ongoing 这个角度而言，留存收益融资，实际上就是原有的股东对企业进行的追加投资的行为。企业留存收益融资公式如图 3-11 所示。

企业留存收益融资 = 盈余公积 + 未分配利润

图 3-11 企业留存收益融资的计算

1. 盈余公积

盈余公积是企业从税后的利润中提取而来的，留存在企业内部，特点是具有特定用途的收益积累。

盈余公积主要包括法定盈余公积和任意盈余公积。二者区别如表 3-7 所示。

表 3-7 法定盈余公积和任意盈余公积的区别

法定盈余公积	任意盈余公积
根据规定的比例从净利润中提取	经相关机构或股东大会批准，根据规定的比例从净利润中提取
提取比例根据国家有关法规来决定	提取比例由企业自行决定

其中，盈余公积主要在以下两个时期发挥作用，如表 3-8 所示。

表 3-8 盈余公积的主要作用

作用	分析
弥补亏损	当初创企业的经营发生亏损时，可以用发生亏损后 5 年内的税前利润来弥补。如果仍然不能弥补，通常初创企业就可以提取盈余公积来加以弥补。从程序上而言，使用盈余公积弥补亏损的方式应由企业的董事会提出，经过相关机构或股东大会的批准后才可使用

（续表）

作用	分析
转增股本	当企业盈余公积较多时，就可以将盈余公积转增为企业股本。这种转化必须通过股东大会批准方可进行。需要注意的是，在进行股本转增后，留存的盈余公积不能少于初创企业注册资本的 25%

2. 未分配利润

对初创企业而言，使用未分配利润的优势是拥有较大的自主权。

从数量上看，未分配利润等于期初未分配利润加上本期实现的净利润，再减去提取的各种盈余公积以及分出的利润后的余额，如图 3-12 所示。

未分配利润 =
期初未分配利润 + 本期实现的净利润 - 各种盈余公积 - 分出的利润

图 3-12　未分配利润的计算

通过上述公式不难看出，未分配利润是指企业还没有进行分配的利润，尽管这部分利润在后期可以继续进行分配，但在未分配之前，是属于所有者权益的有效组成部分。

内部集资 VS 变卖

除了上面介绍的几种内源融资方式，适合初创企业的低成本融资还包括内部集资与废物利用。

★ 不管选择哪一种方式，能成功融资就是王道

内部集资，通常是初创企业为了加强企业内部的管理，或者调动员工的积极性，在企业资金不足时，遵守自愿原则，在企业内部以债券等形式筹集资金的一种借贷行为。

内部集资的方式，初创企业只需要支付约定的利息便可。而变卖融资，是将初创企业的某一个部门或者某部分资产清算变卖，以获得所需资金的融资方法。

1. 内部集资

首先是内部集资的申请条件及需要准备的相关材料：

- 营业执照副本；
- 有一定流动资金证明；
- 在银行开设账户；
- 集资申请书和集资方案；
- 近期会计报表；
- 其他应提供的材料。

内部集资因其形式简单所以也容易引起各类问题，例如非法集资等，因此，国家的监管力度比较大，参见表 3-9。

表 3-9　国家对内部集资的监管

监管	分析
要印制标准集资券	向负责审批的人民银行提供票样，批准后才可以使用
债券到期	债券到期后，须由初创企业根据事先约定购买，再集中销毁
支取使用	初创企业集资收入的现金必须存入由企业开立的开户行结算户后，才可支取使用
集资期满	初创企业在集资期满后，在支付还本付息现金时，开户行凭借集资企业提供的《企业内部集资批准书》支付现金并留存作为人民银行掌握证据的依据
未经批准	所有未经人民银行批准的集资款项，开户行都拒绝存入以及支取

值得一提的是，初创企业若经营亏损是不允许进行内部集资的，更不能以行政命令或其他手段进行硬性集资。同时，初创企业集资的这部分资金，只能根据事先申请并被批准的用途使用，不可以挪作他用，也不能进行公开上市或者转让。

2. 变卖

对初创企业而言，变卖不仅是一种融资手段，还可能成为摆脱包袱的一种方式。

变卖的特点和注意事项主要有：

- 速度快，适应性强；
- 资产变卖的对象难以选择，变卖的价格很难精确；
- 变卖前要估算好未来高利润的部门，这些部门不能廉价出售。

初创企业在发展初期，希望满满，计划得也不错，但由于缺乏一定的人力、物力，就更需要坚持相对专一的发展方向，此时就可以考虑变卖，集中资金用于未来发展。

密码 5　直接融资：最简单、快捷，无需第三方介入的手段

破局之思——为何直接融资是最简易的融资方式

由于直接融资没有复杂的中间环节，企业可以直接从投资人手中获得资金，同时还可以与投资者建立起直接的债权、债务关系。

在这一融资过程中，几乎没有多余资金的损耗，最大程度降低了企业的融资成本，因此对于刚刚起步的互联网初创企业而言，是最值得考虑，也是最简易的一种融资方式。

你的企业是否适合直接融资

直接融资，英文“Direct Financing”，也叫直接金融。顾名思义，即没有任何金融机构或者中介机构等第三方介入的一种融资方式。

直接融资的对象通常是政府、企业等。通过政府、企业发行债券、证券以及商业信用等一系列方式，在资本市场公开从社会上的企业、事业单位、个人等处筹集资金的一种融资活动。直接融资的对象及发行方式如图 3-13 所示。

对象：政府、企业
方式：发行债券
证券
商业信用
消费信用
个人信用

图 3-13　直接融资的对象及发行方式

我国国情特点使得长期以来的融资结构都是以间接融资为主。

因为初创企业在进行间接融资时，过度依赖银行信贷，这就很容易受到外来因素的影响，从而制约初创企业日后的发展和融资计划。可见，尽管我国金融体制的改革已经有些年头，直接融资的比例也在持续上升，但由于大部分初创企业的创业者对直接融资并不了解，于是初创企业越来越迅猛的发展态势，似乎并未打破融资结构不平衡的局面。直接融资与间接融资的对比分析如表 3-10 所示。

表 3-10　直接融资与间接融资的对比分析

直接融资	间接融资
没有银行或机构参与	有银行或机构参与
直接在资本市场运行	过度依赖银行信贷

★ 好处多多也要看企业适不适合

尽管直接融资的好处多多，但初创企业也要看其适不适合自己的企业。

目前来看，我国直接融资与间接融资的比例还不够协调，以至于融资主体结构不平衡，初创企业利用直接融资的情况也很有限。为此，初创企业应该考虑：什么情况才适合直接融资？接着再了解直接融资的方法和工具。

初创企业若符合以下几种情况，那么就说明适合采用直接融资的手段：

- 不希望付出太大代价；
- 希望对企业绝对控股；

• 短时间内找不到资金。

1. 直接融资的最大特性："直接"

由于直接融资没有中间环节，因此初创企业可以直接从投资人手里获得融资。这使得融资双方更易建立起债券、债务上的联系，整个过程几乎"零损耗"，最大限度地降低了企业的融资成本，令投融资双方利益最大化。

2. 直接融资的最大优势："分散"

这一特性使直接融资可以在企业与企业之间、企业与个人之间、政府与企业和个人之间、个人与个人之间同时进行。这样一来，企业的融资活动就可以分散到各种场合，这对于通常需要好几轮融资才能掌握足够资金的互联网初创企业而言，非常实用。

3. 直接融资的最大益处："自主"

只要是在我国法律允许的范围内，直接融资的企业可以自主决定融资的数量和融资对象。创业者可以根据企业发展的实际需求调整股权结构，或者以单纯的借贷方式保障自己在企业中的话语权。

细数直接融资的优缺点

直接融资，即资金的直接供给，省略了中间环节，与其他融资形式相比，其成本更低。对投融资双方而言，这种直接的关系使彼此更为自由，联系也更紧密。

但需要注意的是，由于筹资人的信誉程度不同，且部分资金具有不可逆的特点，决定了债权人所承担的风险亦有所不同。直接融资的优缺点对比分析见表 3-11。

表 3-11　直接融资的优缺点对比分析

优点	缺点
资金配置合理	限制多
成本低、收益大	风险大
使用效益提高	兑现能力低

★ 当信用社会的雏形形成，直接融资模式也将被逐渐接受

企业发行的债券、股票，以及企业之间、个人之间的直接借贷、商业信用等都属于直接融资的范畴。近年来，我国政府不断调整直接融资的政策和方式，加大直接融资的力度，身处其中的每个人都可以切身感受到最近几年里，信用社会的雏形已经逐渐形成。

1. 商业信用

商业信用是指企业之间的融资活动，即由企业为企业提供商品交易产生的资金。商业信用的主要表现类型见表 3-12。

表 3-12　商业信用的两种类型

类型	描述
以商品为标准的商业信用	通过提供商品来实现融资，常见的形式有商品赊销、分期付款等
以货币为标准的商业信用	主要通过商品交易的货币来实现资金融通。常见形式有预付定金、预付货款等

随着商业信用的不断发展与成熟，逐渐出现了以商业票据作为债权、债务关系的证明，这是初创企业较为常见的融资方式。

2. 民间个人信用

民间个人信用主要是指民间个人之间的融资活动，人们习惯将其称之为个人信用或者民间信用。这一信用类型通常金额较小，但是初创企业在创立初期，很大程度上都会依靠这种融资模式。

直接融资的三大工具

相对而言，通过某种金融工具直接形成债权、债务关系的直接融资方式，其操作流程较为繁琐。而可以直接融资的工具主要有商业票据、直接借贷凭证、股票、债券，如图 3-14 所示。

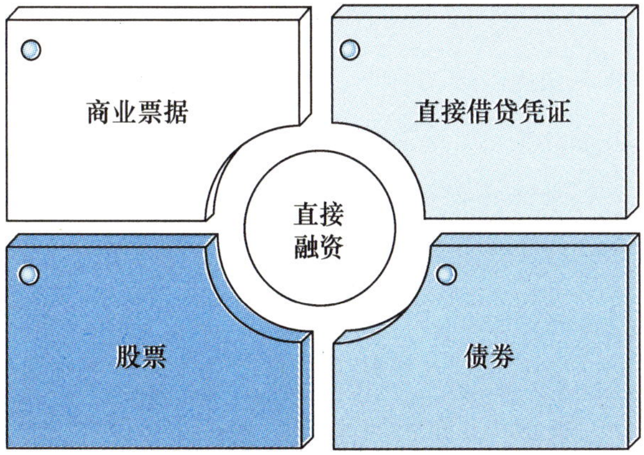

图 3-14　直接融资工具

★ 三大工具，按需选择

在上述几种融资工具中，最常用的主要有 3 个：票据、债券、股票。

1. 票据是初创企业中长期发展的福音

票据，简单来说就是证明持有人对不在其实际占有情况下的商品或货币的所有权的债务凭证。通常分为汇票、本票、支票 3 种，详见表 3-13。票据一般具有可转让的特点，因此也可以作为流通的手段。

表 3-13　票据的三种常见类型

类型	描述
汇票	委托他人付款
	无期限
本票	约定本人付款
	期限为 1 个月
支票	委托支付证券
	期限为 10 天

需要注意的是，票据必须有合法、明确的书面形式。因为只要票据合格，票据的持有者（受让人）就可以执行票据上载明的权利。

互联网初创企业应尽量利用票据的特性，帮助企业实现资金的流动与良性运转。

2. 发行债券是直接借到钱的好方法

债券是一种融资契约，是企业（也包括政府、金融机构等）直接向社会筹集资金，同时承诺按照一定利率支付利息，根据约定条件偿还本金的一种债务、债权凭证。债券的购买者 / 投资者与发行者之间是直接的债务、债权关系，发行人即债务人、投资者即债权人。

初创企业要注意的是，在进行发行债券融资时，要注意债券与非法集资的区别，不可越界否则后果很严重。

和初创企业相关的债券种类主要有企业债券和金融债券两大类，二者区别见表 3-14。

表 3-14　与初创企业有关的两个债券类型

类型	描述
企业债券	也叫公司债券，是企业为筹集资金而公开向社会发行的借款凭证。特点是风险较大、收益率较高、企业有自己的选择权和经营权
金融债券	金融债券是银行等金融机构作为筹资主体筹措资金而面向个人发行的一种有价证券，是表明债务、债权关系的一种凭证。主要包括央行票据、证券公司债券、商业银行的次级债券、保险公司次级债券、证券公司短期融资债券等

3. 发行股票让初创企业成功去资本市场融资

关于股权融资，后面章节将会详细阐述。为此，我们先来了解发行股票的基本常识。

股票是股份公司通过资本市场融资的一种信用工具，也是股份公司发行的所有权凭证，更是股份公司资本的重要构成部分，可以转让、买卖或抵押，但不能要求公司返还出资。由于股票具有可转让性，因此其流动性也很强。

股票主要可分为普通股、优先股、后配股、垃圾股、绩优股和蓝筹股。

企业一经购买就不得退还本金，且红利和股息也会随着企业经营状况而发生变化，这是股票与其他融资工具的主要区别。

对初创企业而言，股票收益主要包括两个方面：**一是股息收入，这取决于企业的利润；二是资本利得，也就是投资者通过股票市场的买卖获得差价的收入。**对此，初创企业在吸引资本时，要格外注意如何展示企业未来的发展前景，从而吸引投资方对利益的渴求以及对企业未来的看好。

直接融资的 6 种方式

目前，我国大部分初创企业的融资方式都比较单一。然而，几乎所有初创企业在运营中都会出现金流周转不灵的时候，此时可能会由于融资方式的单一，影响最终的融资结果和未来发展。

★ 六大融资方式，总有一种是适合你的

以下几种融资方式，都是较为常见且操作相对简单的，因此也比较适合初创企业。创业者可根据自己的实际情况来选择。

1. 银行承兑

银行承兑的汇票由银行签发，主要适用于有真实交易背景和需要延期付款的初创企业，这也是企业最常用的方式之一。

这种融资方式，是由在承兑银行开立存款账户的存款人出票，向开户银行申请、经查阅同意承兑的，能够在指定日期无条件支付确定的金额给收款人或持款人的票据。既然银行在汇票上确认签字，可以说，这实际上就是经过银行担保的一种商业行为。

假设投资人将 1 亿元人民币打到企业公司账户，随即要求银行开出 1 亿元的承兑汇票，然后由投资方将汇票拿走。

这时，投资方就可以开动脑筋争取利益最大化（这种融资方式更利于投资方）。投资方可以将 1 亿元分成几次使用，譬如可以用 1 亿元的承兑到其他地方银行再贴 1 亿元出来。至少能贴现 80%。那么，投资方实际可操

作的金额就变成了 100%+80%，也就是 1.8 亿元。

尽管这种方式更利于投资方，但要知道，许多初创企业是不可能从银行贷到这么多钱的，而通过这种融资方式，就可以简单快速、最大限度地融资。

2. 银行信用证

银行信用证也可以理解为大额质押存款，是最初应用于国际贸易中，为了减少风险的一种融资方式。曾经也有不少企业利用银行信用证来圈钱，因此近几年我国的政策也在不断优化，目前只有外商独资企业与中外合资企业才允许使用银行信用证，纯中资企业恐怕很难再用这种方式进行融资。

当然，如果你的企业符合国家标准，就可以采取这种融资方式，并且需要注意以下事项，如表 3-15 所示。

表 3-15　利用银行信用证进行融资的注意事项

注意事项	描述
申请开立	在此之前，企业应落实进口批准手续及外汇来源
开证时间	企业应在买卖双方收到信用证后在合同规定的装运日期内执行
明确期限	价格条款必须与相应的单据要求、费用负担及表达方式一致
相关证书	开证时按规定要求对方提供相关的商业检查证书，明确货品的品质
必要说明	开证时做好相关条款的必要说明，例如，信用证内容明确规定各种单据的出单人；明确信用证是否允许撤销；是否允许分批装运、转运等

3. 贷款担保

贷款担保是指银行在发放贷款时，要求借款人提供担保，以确保贷款债券顺利实现的法律行为。

在前面我们就提到过，由于银行小额贷款的管理成本、营销成本都很高，且收益并不明显、风险大，因此倘若初创企业直接向银行申请贷款，就算有符合条件的抵押资质，通常银行也不愿受理。这样一来，许多担保公司就应运而生，这些机构可以优化复杂的流程，并为初创企业提供相应的个性化管理服务。不过，初创企业在选择担保机构时要小心谨慎。

4. 委托贷款

委托贷款是指由委托人向委托业务银行提供来源合法的资金，由委托业务银行根据委托人确定的贷款对象、用途、期限、金额、利率等代为发放、监督使用，并协助收回的一种贷款业务。

在委托贷款过程中，银行仅仅是作为中介的性质而存在，既不提供资金，也不承担风险，只是收取相应的服务费。这种融资方式比较容易操作，通常对审查的项目也不是十分严格，比较适合初创企业进行融资。

5. 假股暗贷

这是基金组织最常用的融资方式之一。简单来说，就是投资方通过入股的形式，对初创企业的项目进行投资，但并不参与具体的管理，到了约定的期限就从该项目中撤股的一种方式。通常情况下，这种融资方式更适合初创企业的 B 轮融资，好处是此类基金公司大多实力雄厚，可投入大量资金，利于初创企业更好地操盘和占领市场。

6. 私募基金

私人股权投资，又称私募股权投资或私募基金，Private Fund，是一个很宽泛的概念，用来指称对任何一种不能在股票市场自由交易的股权资产的投资。

这种融资方式的特点是股权投资的收益十分丰厚，可提供全方位增值服务，但同时也伴随着高风险。我们通常说的基金主要是指共同基金，即证券投资基金。而广义的私募基金还包括私募股权基金。关于私募与股权，我们将在后面章节详细论述。

总之，初创企业可以先根据自己的特点和实际需求，选择适合自己的融资方式。

密码 6　项目融资：没有难找的资金，只有不温不火的项目

破局之思——为何初创企业应考虑项目融资

对初创企业来说，发现一个相信你的企业和产品能力的投资人，这点尤其重要。

通过项目融资，选择一个适合企业的风险投资，对企业日后的发展有很大的促进作用，如可以帮助企业增加收入，实现盈利倍数的增长。但是，一个不恰当的项目、引来一个不恰当的风险投资注资企业，同样有可能毁掉初创企业未来的发展。因此，初创企业还是小心为上。

为发展助力，让梦想绽放

项目融资，最早起源于美国，近几年在国内逐渐兴起。

项目融资是指初创企业为了建设某个新项目或者收购某个现有项目，或者对已有项目进行债务重组所进行的一切融资活动。简单来说，就是以项目的名义融得一年期以上的资金，以项目营运收入承担债务偿还责任的一种融资模式。

项目融资与传统融资的区别主要在于，前者依赖项目的资产与现金流量，而后者依靠投资者或发起人的资信。

项目融资最大的特点是无须投资者资产或者信用作为抵押或担保，亦不需要其他部门做出相关承诺。贷款的发放对象是专门为项目融资和经营而成立的专业项目公司。

从类型上来看，项目融资主要分为无追索权的项目融资和有追索权的项目融资。无追索权的项目融资也叫作纯粹的项目融资，这种融资方式贷款的还本付息完全依靠项目的经济效益。而有追索权的项目融资，除了以

贷款项目的经营收益作为还款来源和取得物权担保，贷款银行还要求有项目实体以外的第三方提供担保。银行有权向第三方担保人追索，但是担保人承担的债务责任，以其提供的担保金额为限度，所以这种有限的追索方式被称之为有限追索权的项目融资。

★ 优点 VS 缺点，选择了就义无反顾

与传统融资方式相比，项目融资具有以下特点，如图 3-15 所示。

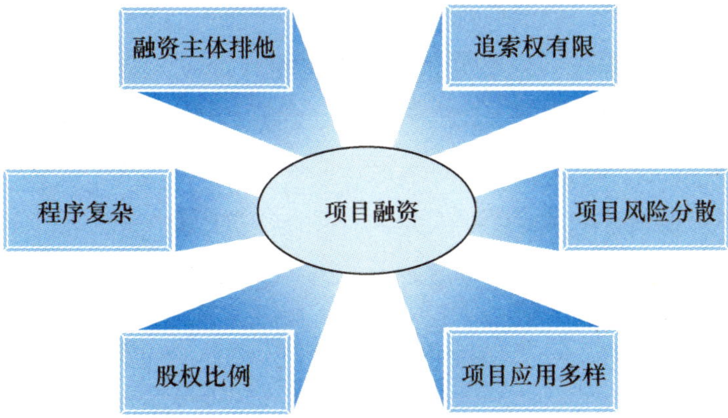

图 3-15　项目融资的主要特点

项目融资的最大特色是只基于项目本身来谈项目，项目本身等同于一个独立的法人。如果没有另外的约定，债权方就不能追溯项目本身以外的资产。

项目与投资者的信用没有联系，投资人也没有担保的义务，不会对个人信用及财产造成任何不利影响。

表 3-16 所示是项目融资的优缺点对比分析。

表 3-16　项目融资的优缺点对比

优点	缺点
不危及企业的其他资产	融资风险分散，担保结构复杂；有限追索或无追索
不会对企业造成负面影响	融资比例大，融资成本高
不会造成风险失控（这对初创企业而言很重要）	实现资产负债表外融资

★ 项目融资里的众多获利者

由于项目融资结构比较复杂，因此参与融资结构并在其中发挥作用的利益主体也较为明显。

总结起来，项目融资里的众多获利者主要包括以下 3 类。

1. 项目发起人

项目发起人通常是项目公司的投资者，也就是所谓的股东。其通过组织项目融资，实现投资项目的综合目标要求。项目的发起人可以是一家公司，也可以是许多与项目有关的公司构成的企业集团，还可以是对项目没有直接利益的相关实体。

2. 项目公司

项目公司通常是项目发起人为了项目的建设而建立的实体。其可以是一家独立的公司，也可以是一家合资企业，或者合伙制企业，还可以是一个信托机构。

3. 贷款人

贷款人主要有商业银行、国际金融组织、保险公司等非金融机构和一些国家、政府的出口信贷机构，如图 3-16 所示。

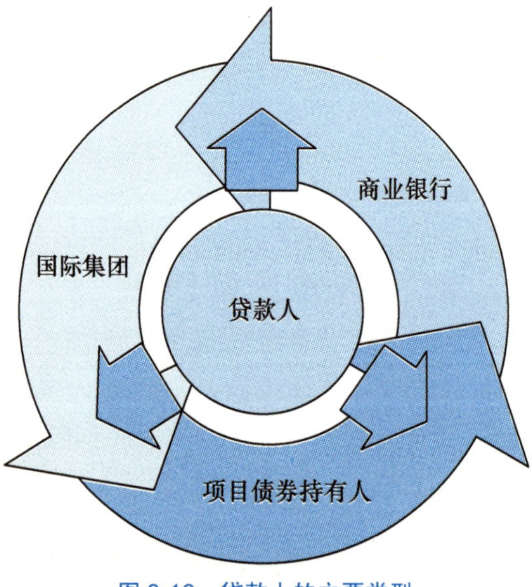

图 3-16　贷款人的主要类型

在某个项目融资中，贷款人可以是简单的一两家商业银行，也可以是由十几家组成的国际集团，还可以是众多项目的债券持有人。贷款人的参与数目主要根据贷款的规模和项目的风险来决定。

操作项目融资的 4 个步骤

再熟悉的流程如若不遵循也是形同虚设。任何企业的发展都是“以制度管人、按流程办事”，初创企业也不例外。

★ 4 个步骤轻松搞定项目融资

1. 申请

符合表 3-17 所列条件之一，就可以向有关部门申请项目融资。

表 3-17　申请项目融资的条件

序号	条件
1	项目本身已经通过政府部门批准立项
2	项目设计及可行性研究报告已通过政府和有关部门审查
3	引进国外设备、技术、专利等已经过政府和相关部门批准且办好了相关手续
4	项目产品的设备、技术先进适用、配套完善，有明确的技术保障
5	项目的生产规模合理
6	项目产品经过测算且有良好的市场和发展前景
7	项目产品的销售渠道畅通，最好有“照付不议”产品购销合同
8	项目投资的成本以及各项费用预测较为合理
9	项目生产所需要的原材料有稳定的来源
10	项目建设地点及建设用地已经落实
11	项目建设以及生产所需的水、电、通讯等配套设施已经过落实
12	项目公司能向贷款人提供完工担保、基建成本超支安排，同意将保险权益转让贷款人，同意将相关在建工程抵押给贷款人，同意将项目的收益质押给贷款人
13	项目股东同意将各自的股权质押给贷款人
14	项目有较好的经济效益和社会效益
15	其他与项目有关的建设条件已基本落实

2. 项目计划书

项目融资计划书也是准备材料中必不可少的一环，基本格式如表 3-18 所示。

表 3-18 项目融资计划书的基本格式

项目融资计划书的基本格式	项目经营对象与范围
	投资规模
	所需要的融资服务规模
	建设周期
	项目收益的主要来源（必须详细可信）
	项目的年回报率（必须详细可信）
	项目建设者和经营者的资历
	其他情况，包括是否经过主管部门批准，有特殊的项目是否已经办理好相关手续等

3. 准备相关材料

在准备申请过程中，除了满足上述基本申请条件，相关的材料也要第一时间准备好。例如，法人营业执照复印件、税务登记证、中华人民共和国组织机构代码证复印件、外汇登记证复印件、法定代表人身份证明、国家相关部门的批准文件等。

4. 提交申请

在备齐相关材料后，就可以根据表 3-19 所列程序准备向有关部门提交项目融资的申请。

表 3-19 项目融资的申请程序

项目融资的申请程序	提出融资需求
	与项目公司就相关融资事项、安排等进行磋商并达成一致意见
	按相关审批程序，对项目进行审批
	通过批准后就融资协议进行再次磋商
	签署协议并提取资金

项目包装融资是否靠谱

项目包装融资，顾名思义，即“项目”加“包装”。指在尊重市场发展规律的前提下，对融资的项目进行周密的构思，加上一系列包装、改造和运作，从而吸引投资人，最终使其对项目进行投资的行为就是项目包装融资。

在整个项目包装融资过程中，“项目”与“包装”二者缺一不可，密不可分。没有好的项目，再好的包装也是形同虚设；没有好的包装，再好的项目也难以吸引投资人的目光。

★ 包装的目的是最大限度吸引投资人的目光

一个项目的包装，无论采取什么方式，最终目的都是为了要让投资人在短时间内投资。

2014 年年中，大嘴巴作为餐饮服务获得了大众点评的投资，并实现合作。大嘴巴与大众点评的餐厅订座、外卖、团购等产品实现有效对接。

其实，大嘴巴在 2013 年才成立，在没获得大众点评投资之前，其地推人员只有 20 人左右，但经过一番精准的包装后，大嘴巴的公众形象有所改变。

大嘴巴是目前市场上唯一一家通过技术与商家对接形成商业闭环的点菜产品，通过大嘴巴 APP 就可以简单完成从点菜、下单、结账等整个就餐环节，为商家节省了服务员的数量，仅此一项就能帮助企业节省至少 10%的人力成本。另外，自助点餐结账平均每桌至少能节省 10 分钟左右的时间。

由于大嘴巴的服务可以弥补大众点评在上述环节的空白，因而获得了大众点评高达 5000 万元的投资，且大众点评放弃了控股权。

这样的合作使得大众点评与大嘴巴公司实现了互惠互利的共赢局面。

那么，对初创企业而言，在进行项目包装时有哪些注意事项、如何才能包装出令投资人满意的项目呢？

1. 项目可行性分析

可行性分析是项目包装融资的核心，包括对以下要点的具体分析：

- 项目名称；
- 合作伙伴；
- 项目现状；
- 项目前景；
- 市场预测；
- 融资需求；
- 合作方式；
- 财务数据；
- 基础设施；
- 其他条件；
- 投资预算。

需要格外注意的是，项目名称及其中的某些词句要尽可能符合国际通用标准。

2. 融资结构

项目包装融资的结构模式通常包括以下几个方面，如图 3-17 所示。

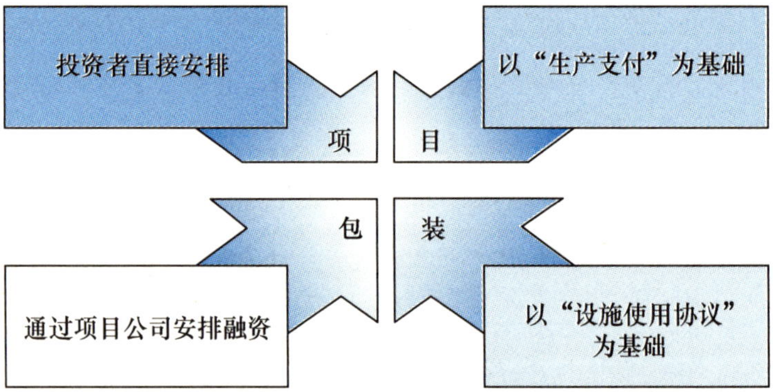

图 3-17 项目包装融资的结构模式

3. 资金选择

资金选择的重点是项目资金的来源。具体而言，项目中的股本资金及债务资金的形式、比例以及资金的来源和形式都是项目融资过程中要解决的问题。在此之前，还应考虑下面一系列问题：

- 项目总资金的需求量；
- 项目资金的合理使用结构；
- 债务资金的比例；
- 股本资金的比例；
- 资本成本；
- 资本构成。

初创企业若能抓住上述问题，灵活安排项目的资金构成比例，选择合适的资金形式，就能实现用最小资本做最大事情的目标。

项目融资的 4 种形式：BOT、PPP、ABS、TOT

在西方发达国家，项目融资在基础设施建设项目经过了时间和实践的检验，很多初创企业的项目正是由于选择了正确的项目融资的方式从而顺利获得了融资。因此，现在许多发展中国家也纷纷引入了这种融资方式。

★ 选择适合企业的项目融资形式

目前，较为常见的项目融资形式有以下 4 种，如图 3-18 所示。

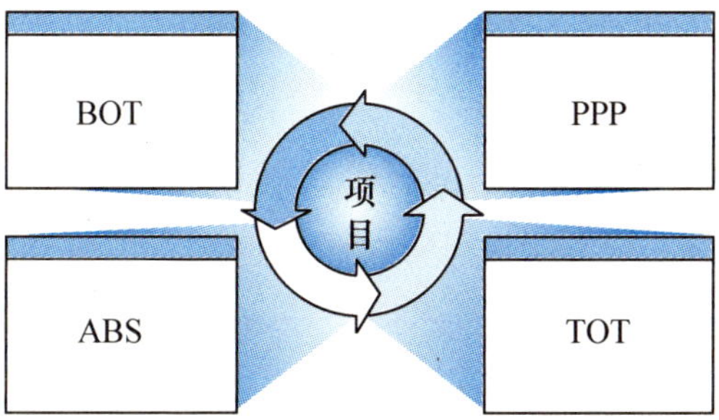

图 3-18　较为常见的项目融资形式

1.BOT 项目融资

BOT，英文 Build Operate Transfer 的缩写，即建设—运营—转让，这一形式有利于帮助初创企业转嫁风险。

初创企业投资公共工程时，政府一般会给予项目建设特许权，这是进行 BOT 的基础。BOT 方式容易得到一些金融机构和大财团的支持，凭项目抵押就能融资，项目建成后以利润分期分批偿还本息，或在项目建成后全部 / 部分出售给金融机构，也可以采用股份制的形式吸收金融机构作为股东。

这种方式适合于投资规模较大的项目建设，例如，公路、桥梁、水利、水电等项目。

2. PPP 项目融资

PPP，英文 Public Private Partnership 的缩写，翻译过来意思就是公共、民营、伙伴，即公共部门与私人企业合作的模式，是公共基础设施的一种项目模式。

这一模式更加鼓励创业者与政府进行深度合作，通过参与公共设施建设来获得政府融资。PPP 模式打破了目前引入私人企业参与公共基础设施项目组织机构的限制，适用于大型初创企业接手一次性的大型项目，从而获得融资。

3. ABS 项目融资

ABS 是英文 Asset Backed Securitization 的缩写，意思是用这个项目的资产带来的预期收益做保证，通过一套提高信用等级计划在资本市场发行债券来募集资金的一种项目融资方式。

这是一种在国际资本市场上非常流行的融资方式，已被许多国家采用。较为常见的融资种类有商用、农用、医用房产抵押贷款证券化；信用卡应收款证券化；基础设施证券化；初创企业贷款支撑证券化等，具有融资环节简单、中间费用少等优势。

4. TOT 项目融资

TOT，英文 Transfer Operate Transfer 的缩写，即移交—经营—移交。具体是指政府部门或国有企业将建设好的项目的一定期限的产权或经营权，有偿转让给投资人，由其进行运营管理；投资人在约定的期限内通过经营收回全部投资并得到合理的回报，双方合约期满之后，投资人再将该项目交还政府部门或原企业的一种融资方式。这种方式是国际上较为流行的一种项目融资方式，尤其在美国颇为流行，近几年逐渐被国内认可和采用。

密码 7　风投融资：不是每个开启你财富梦想的人都是“天使”

破局之思——为何要通过找风投来开启财富梦想

在市场上，有一些投资机构通过向富人们募集的方式以及一些其他渠道筹集资金，再通过运作，把自己手中的资金投向一些有潜力（通常需要评估考察）的企业，最后获得高额的回报，这种投资形式就叫作风险投资。

找对风投是开启财富梦想大门的钥匙。在美国硅谷，不知有多少青年才俊，他们最初大多只是个在实验室里埋头苦干的学生，在他们其中之所以能诞生无数个年轻的富豪，除了本身拥有的创意头脑和技术，更离不开风险投资的功劳。

在所有风险投资中，近几年颇受国内创业者推崇的当属天使投资。但创业者在融资过程中应该擦亮双眼，根据自己的真实条件和需求去融资，毕竟，并不是每个拥有“天使面孔”的投资人都是你要寻找的“天使”！

风投的钱不是大风刮来的，融多少钱想清楚再说

风险投资，英文 Venture Capital，简称 VC，中文简称风投。

在我国，风投是一个约定俗成的具有特定内涵的词语，其实翻译成创业投资更为妥当。顾名思义，**风险投资必定是伴随着高风险、高收益的投资。**广义的风险投资指一切具有高风险、高潜在收益的投资；狭义的风险投资

仅指以高新技术为基础，生产与经营技术密集型产品的投资。而我们接触最多的，就属于狭义上的风险投资，这其中，近几年颇受我国创业者欢迎的一种风投形式当属天使投资。

★ 风投的钱，不是要得越多越好

一家互联网初创企业，在起步阶段可以借助可靠的风投机构和天使投资来融资。然而，许多初创企业在找到风投时，一旦真问到他们想要多少钱的时候，都会面临这样一个问题："我到底能融到多少钱""我应该向风投要多少钱"？

不少人会这样回答：

"我觉得我的企业值2亿美金，但我最多只能出让一半股份，就先融一亿元人民币吧！""我们的同行××企业刚刚融到了2000万美元，我也先融2000万美元！""具体不好说，当然越多越好啦！"

面对上述"无理"要求，暂且不论风投会不会理会你，不妨先来听听风投的想法吧。

基本上，多数风投人认为的最理想的融资模式当属投资1000万元获得一家估价2000万元企业30%的股份，投资后该企业迅猛发展，最终的投资回报率[7]高出预期几百倍。既然风投们十分渴望获得高回报，同样就会以回报的倍数来衡量一家企业是否值得投资。

对风投而言，只要决定了投资某项目，就说明他对这个项目有很大的兴趣和把握。那么，在这种情况下，风投机构多投资几百万元仅仅会让后期的回报总额低那么一点。即使投资失败，企业也不过是多损失个投资额的零头。即便如此，在与初创企业谈判时，投资人仍然会尽量压低企业估值，他们会冷冷地告诉你"估值过高对企业未来发展没有任何好处"，这样做的目的无疑是想获得同样股份比例的同时尽量少投资，因为这样做他们就可以获得更高的投资回报倍数，投资起来更加安全。

[7] 投资回报率：英文简称ROI，是指通过投资而应返回的价值，即企业从一项投资活动中得到的经济回报。

不管怎样，对于初创企业来说，寻找风投不易，拿到的每一笔钱都似乎要经历一段痛苦的过程，花费大量的时间、精力和资金，最终仍然有可能融资失败。

尤其是不少企业认为互联网行业发展前景十分广阔，企业发展前景乐观——这种乐观往往直接导致初创企业对现实困难和资金需求认识不足，以至于融到了钱之后，依然存在资金链断裂的风险。

在向风投要钱时，企业应考虑以下两种现实情况。

1. 如果你的预期融资额度太高

如果初创企业估计的融资金额太高，企业就可能面临出让大于40%股份的风险——虽然短期能拿到一笔钱，但这对未来的发展是非常不合适的。因为初创企业可能会因此而早早地失去对企业的实际控制权。

如此一来，企业不妨根据实际需求适当减少首轮融资的资金额度，直到企业发展有了一定进展和困难时再进行第二轮融资，避免创业初期的股权被过分稀释。

2. 如果你的预期融资额度太低 / 不高

相反，如果初创企业只需要100万元人民币，你的商业模式看似十分省钱，但仍旧不要忘了，充足的资金可以确保企业稳步发展，你可以适度再多融一点。况且，融一次资要耗费大量的时间和精力，一次多拿一点对投资人的影响并不大，却可以让创业企业省去日后的麻烦。

现在的知名投资机构，对于100万元人民币这样的小数额投资，很难提起兴趣。毕竟，越是知名机构越是财大气粗，项目若没有十足的吸引力很难入他们的法眼，仅仅100万元的融资需求能指望你出让多少比例的股权？因此，融资额度太低通常也不会有太大的吸引力。

一场充满风险和博弈的旅程：对赌协议该不该签

对赌协议，英文“Valuation Adjustment Mechanism”，简称VAM，最初被翻译为“对赌协议”并一直沿用至今。其直译意思是指“估值调整机制”，这更能体现其本质含义。所以我们平时听到的对赌协议，所涉及的问题其实和赌博并无联系。

简单来说，**对赌协议就是投资方（或者收购方）与融资方（或者出让方）在达成融资（或者并购）协议时，对未来不确定情况提前进行的一种约定——如果达成约定条件，投资方可以行使某一种权利，否则融资方则行使某一种权利。**

可以说，对赌协议其实就是期权的一种形式。倘若创业者对企业发展高度自信并且有一定期望，那么在接受风险投资时，就可以与风险投资机构签订对赌协议。

★ 互联网初创企业到底该不该踏上这场冒险之旅

在欧美等发达国家，许多企业都热衷于与风险投资机构签署对赌协议。在中国也不乏敢于第一个吃螃蟹的人，如蒙牛。

1999年1月，牛根生从伊利出来自立门户，在呼和浩特创立了蒙牛公司。

2001年底，蒙牛乳业刚成立不到3年，但已开始与摩根士丹利等投资机构接触。

经过几年磨炼，蒙牛稳步发展。

2003年，蒙牛与摩根士丹利等投资机构签署了一份对赌协议。该协议约定：2003—2006年，蒙牛乳业的复合年增长率不得低于50%。如果业绩增长达到目标，摩根士丹利等机构就要拿出自己的相应股份奖励给蒙牛管理层；若达不到，摩根士丹利将拿走管理层约6000万～7000万股的上市企业股份。

2004年6月，蒙牛业绩增长达到预期目标，在这场博弈中取得了胜利。

对于当时正缺钱的蒙牛而言，对赌的胜利无疑带来了一场“及时雨”。

当然，中国人向来比较含蓄谨慎，大部分企业并不愿意与风险投资机构进行对赌。尤其是初创企业，很多创业者将“对赌协议”视为“不平等条约”，认为这个“舶来品”到中国后就变了味，怕对赌不成发生对簿公堂之事，自己会成了战役中的牺牲品。

其实，若有适合的对赌机遇，只要创业者擦亮双眼还是可以考虑的，毕竟勇者无畏，有冒险的实力和勇气，才有可能在短时间内收获更大的回报。

1. 反复推敲

在签订对赌协议之前，除了要注意一些合同上的细节以及公平性之外，创业者还应该正确估计企业真实的增长潜力，同时充分了解博弈对手的管理能力。在设定业绩增长幅度时要注意合理性，最好将对赌协议设为多重博弈结构，以降低自己的不确定性。

2. 设定筹码

初创企业要合理设置对赌筹码，尽早确定恰当的期权行权价格。不能只看到赢得筹码会带来多么丰厚的收益，更要考虑一旦输掉筹码将面临怎样的风险。

3. 及时调整

若已签订对赌协议，即便出现对自己不利局面，也可以尽早申请调整对赌协议的条款，确保公平性。总之，对初创企业而言，最重要的是要尽可能在对赌协议中加入更多柔性化条款，如企业行为、股票发行、赎回补偿、财务绩效等多方面指标，让协议处于相对均衡可控的状态，避免陷入万劫不复的深渊。

有技巧地吸引风投，狂轰滥炸是最糟糕的办法

在现实中，并不是所有初创企业都像当年的蒙牛那样幸运，找一家风投就顺利迎来一场“及时雨”。那若是苦苦等待无果怎么办？

有些初创企业的创业者写好商业计划书后就迫不及待地主动联系风投。例如，通过网络找到风投的官方网站、联系方式，每天给风投发邮件，一封邮件没有回应发两封，两封没有回应发五六封，总之是狂轰滥炸、穷追猛打。

你是否想过，这样的做法真的有效吗？你能因此就收到风投的回复、获得投资了吗？

★ 吸引投资不能急于求成，“狂轰滥炸”是最糟糕的方式

别再抱怨：“我给风投发了那么多封邮件，为什么一个回复都没收到？”因为邮件轰炸是最糟糕的一种吸引投资的方式。

大部分风投机构（知名的就更不用说了）每天都会收到海量商业计划书，而处理每一份计划书都要花费一定时间，对此，许多风投都会采取某些筛选过滤机制。所以，尽管你发出很多封邮件，但对风投而言或许早已将你的邮件视为“垃圾”，第一时间就过滤掉了。

找风投融资和做销售有些相似，不能急于求成。不妨将销售行业的实用技巧融入融资的过程中，或许就会事半功倍。

1.“致电高层”

“致电高层”是销售业的销售哲学之一。顾名思义，你要想加入任何一个组织，首先要想办法被引荐，且是引荐给其组织的最高成员。

在风投机构中，合伙人和投资总监是最有权力的人。当然，权力并不代表唯一性，你必须要重视风投机构每一个有投票权的人。例如，在风投机构内部，一个投资方案往往需要几个合伙人商量，取得一致同意才能进行，并不是所谓“主管”或者是“创始人”就比其他人权力更大。想要吸引这些人的注意，就要了解他们的兴趣以及对方案的关注点。不要以为取得一个合伙人的支持，你就可以轻松获得投资，而是要想办法让尽可能多的高层人员满意，你才算赢在了起点。

2. 正视沉默

有的创业者不怕被拒绝，最怕把方案投出去却等来一阵沉默。

其实，大部分风投都想要获取更多的项目信息，并且会通过各种渠道搜集商业计划书。这样做一方面是为了增加发现优质项目的概率；另一方面是想通过项目学到东西，获得最新的行业信息，并且以此来推测某个行业的未来前景，从而判断某个项目是否值得投资。所以，创业者不要单纯

地以为“沉默”是风投拒绝你的另一种表达方式。对有些风投机构而言，其沉默的原因不只是没时间回复，而是自负，认为你的项目不值钱，也就不值得花时间给你回复。当然，大多数沉默的原因还是前者。

事实上，没有什么项目是发个邮件、打个电话就能获得投资的，好的投资项目都是风投自己找的，或者是内部顾问和朋友推荐的，所以他们根本不屑于看那些海量邮件，自然也谈不上回复。

3. 不怕被拒

正因为好项目难找，一旦遇到可遇不可求的商业计划书，风投也会视为珍宝、倍加珍惜。如若两个项目相当，对风投而言要放弃其中一个也是件难以抉择的事，于是大部分风投机构都会有一套快速筛选的机制。例如，先看项目是不是机构所感兴趣的领域，如果答案是肯定的，他们再继续考察团队背景、发展空间和潜力。经过考察，一切满意后，才会花费时间进一步了解你的企业，与创业者面谈。

互联网时代给了人们无限创意和遐想的空间。

一个项目的诞生如十月怀胎，许多创业者也都认为自己的项目是个万里挑一的好项目，如果风投不给投资真是天理难容。但也别忘了，在全国成百上千个好项目中，你所谓的“好项目”或许只是最平庸的一个。

如果你的项目通过了筛选，有幸获得与风投面谈的机会，即使对方暂时拿不定主意，觉得不合适，大多也不会直接拒绝。不能决策往往是因为对项目还抱有疑虑，想要等你的企业运作一段时间、观察后再决定是否投资。这时，风投通常会这样回答你：“你的商业模式还不错，但企业是否有发展潜力还要看你们的实际行动，如果你们在短时间内积累了一定的客户，我们可以考虑与你合作给你们第二轮融资，所以，我们先保持联系。”

当得到这样的答复时，你的机会来了，要牢牢把握机会。但同时也不要盲目乐观，更不要以此作为与下一家风投机构谈判的筹码。

总之，想要拿到风投的钱并非易事，创业者要始终保持冷静，拥有“不以物喜，不以己悲”的良好心态，既要看懂其中的门道，也要抵住虚虚实实的诱惑，更不要因为一时被拒绝就自乱阵脚。至于遇到那些当你用尽心思依然对你不感兴趣、投资态度模棱两可的风投，就不要再浪费时间了。找风投有时就像谈一场恋爱，并非 TA 不喜欢你，而是未必适合你，看得开才会有更美的相遇！

正确看待你面前的“天使面孔”

当你用尽所有的力量融资后发现资金还是不够，此时，你就需要寻找“天使”继续为你融资。

天使，顾名思义，上天派来的使者。对大部分企业来说，能在创业初期给他们投资的，无疑是其救命“天使”。

天使投资最初的形态是有借贷需求的人，通过寻找自己的亲戚、朋友、客户进行融资。这种形式也就是民间常见的“帮困济贫”，主要是个体私营企业主、城乡居民之间用自有闲置资金进行的无偿或有偿的相互借贷行为。

具体借贷的形式是相互熟悉且信任的借贷双方直接见面，约定好借款金额、期限、利息，口头约定或打个借条（主要是亲友之间临时性资金调剂，金额从几百元到数万元不等），这些就是“天使”的雏形。

★ 当“天使般的面孔”出现在你面前，到底该不该信

今天，在资本市场上的“天使”大多是指专业的天使投资人，是指一些资金充裕的个人为创意筹备期和创业初期的企业提供资金帮助。

可帮助归帮助，创业者最好还是少做“天上掉馅饼”的美梦，脚踏实地走好融资每一步。当“天使的面孔”过于美丽和温柔时，你更要保持清醒，对方是真的想为你投资吗？这其中是否有些你看不清的利益关系？

1. 想清楚“天使”为什么偏偏爱上你

现实中的“天使”虽然有钱但绝不任性。既然“天使”能选择并爱上你，一定有他的道理。对天使投资人来说，他们最梦寐以求的投资模式是：找到一家不错的企业和项目，给他一笔钱，不闻不问不管，若干年后能拿回上百倍的丰厚回报。

例如，许多明星、富豪通过朋友介绍，把闲置的资金投入一些早期项目，几年后他们自己甚至都忘了这笔投资，却突然有一天稀里糊涂地赚了一大笔钱。

但是对普通的天使投资人来说，这样的好事很难发生。与成熟的企业家相比，初创企业创业者的经验有一定的局限性，在企业管理、资源利用、资本运作等方面欠缺经验，天使投资人选择投资的同时，往往意味着还要出手帮这些创业者把企业经营好。对“天使”而言，创业成功是最好的结果，倘若不小心失败，天使投资人也可以在合适的时候选择退出。

无论如何，他们所做的一切都是为了更大的利益回报，这也是他们爱上你的重要原因。没有任何好处，他们凭什么与你维持长期合作的关系？你以为身为“菜鸟”的自己真有那么大魅力，还是“天使”都是慈善家？

2. 处理好与“天使”的关系，“暧昧”只会令你受尽委屈

天使投资人给初创企业带来的益处是毋庸置疑的。其中最大的益处就是获得现金，这也正是很多创业者迫切需要的。

单从资金角度而言， 天使投资人能够给予创业者最直接的帮助可以分为两方面：**一是战略帮助，如企业未来几年的发展规划、市场定位、商业模式、产品研发等；二是管理帮助，天使投资人参与到企业管理之后，企业就要更加正规化、制度化，尤其是在财务管理方面。**

由于“天使”和创业者的基本利益是一致的，因此是创业者的朋友和帮手。但二者之间也会产生利益冲突，此时创业者若不正确处理与“天使”的关系，“天使般的面孔”恐怕就会消失不见，成为随时可以吞噬你的嗜血“魔鬼”。

例如，当认为你的企业发展前景暗淡时，倘若是天使投资人在控股，那么对方随时可能将股份卖掉，收回部分成本。如此一来，企业就白忙一场，但为了资金往往也只能继续坚持下去。此时企业就会将自己置于被动地位，这时候就要看谁占的股份更多了。

创业者始终不要忘记，你的角色是站在台前的，而天使投资人则是站

在幕后。倘若让天使投资人走到了台前，要么说明你自身管理无能，要么说明天使投资人管理越位。不管是哪一种情况，企业经营都会面临困局。另外，企业和天使投资人是长期的合作关系，但不能因为长期相处就变得“暧昧”不清，正所谓亲兄弟明算账，哪怕是再善良的“天使”，利益当前也有可能暴露“魔鬼”的一面。记住,“天使”只是你的投资人而非慈善家！

找到天使的真相与正确路径

要想成功融资、成就伟业，天时、地利、人和，缺一不可。

即使你带着好项目找到了天使投资人，如果他们不感兴趣，自然也无法获得投资。但大多数时候，创业者抱怨找不到天使投资人，并非因为资本稀少，而是因为他们不明寻找天使的真相与正确路径。

★ 看清真相才能找到路径，总有“天使”在前方等你

随着我国投资市场的不断完善，“天使”对创业企业的各项审核和要求都越来越严格。想要顺利地拿到天使投资，企业应该尽早看清以下这些事实真相，从而规划寻找“天使”的正确路径，如图 3-19 所示。

1. 知道“天使”要什么

投其所好才能事半功倍。

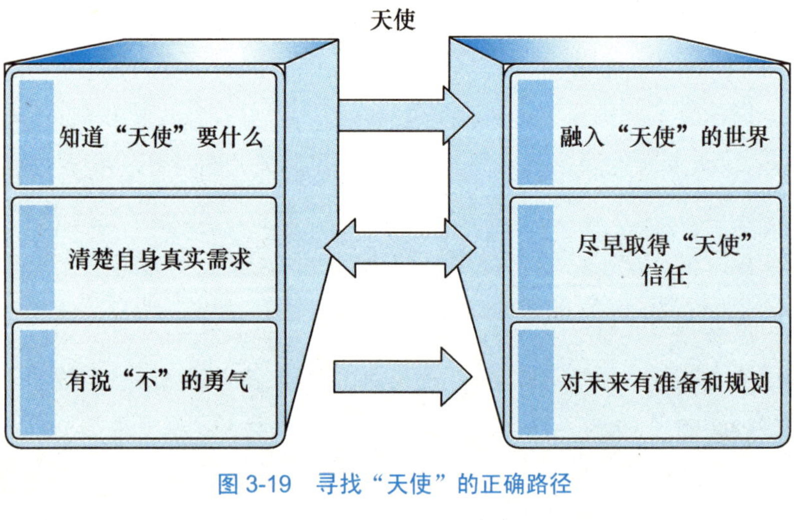

图 3-19 寻找“天使”的正确路径

“天使”在投资时首要考察的是创业者自身条件，如之前的工作经验、领导团队的能力、团队中有什么样的人才、参与开发过什么项目等。创业者自身能力和团队素质是决定“天使”是否进行投资的核心要素。

初创企业的创业者必须清楚，很多初期的创意都只是你自己推演出来的，这在“天使”看来或许缺乏一定市场调查和商业逻辑。而你面前天使投资人是理性的，他们并不会因为一个好项目而出资，他们需要的，是经过市场调查以及反复淬炼后，更成熟的商业创意。

了解了这些，你就可以“对症下药”，尽可能给出“天使”想要的方案。

2. 融入“天使”的世界

融入“天使”的世界也就是要融入投资人的圈子。

在现实中，很少有天使投资人主动去寻找项目，你总不能指望有钱人主动上门问你缺不缺钱花。至多，“天使”会通过朋友介绍或听听自己圈子里的项目。这道理很简单，如果你连投资人的圈子都找不到，投资人又凭什么放心把钱交给一个陌生人？

3. 清楚自身真实需求

天使投资人能给你的不只是钱，还有很多资源，而这些资源还可以源源不断地为你创造更大价值。因此创业者在融资时，不仅要考虑能拿到多少钱，更要根据自己的真实需求，看看可以获得多少资源。大部分“天使”都有一定的人脉，当你获得启动资金后，其背后坐拥的资源自然也属于你，至少可以为你所用，创造价值。

4. 尽早取得“天使”信任

想获得投资，就必须让天使投资人觉得你是可信的，没有人愿意将口袋里的钱置于危险的境地。

你正在经营一家电子商务公司，要去找一位知名天使投资人进行融资。如果你带着一份陌生的商业计划书，孤身一人去找天使投资人畅谈创意，你觉得成功几率有多大？相反，如果你带着一位阿里巴巴的高级工程师或顾问，无疑会使你看起来更可信。

同理，当你获得了第一笔天使投资，再向其他天使投资人寻求融资机会时，成功的概率就更大一些。毕竟，有人投你至少说明你的项目是有价值的。

5. 有说“不”的勇气

在常人眼里，向投资人说“不”似乎是个很傻的举动。有人给你塞钱你不要?

但有时候拒绝“天使”的诱惑并非是坏事。有些天使投资人对创业融资没有太多经验，在投资后会抱有很高的期望值，甚至因为种种担心而亲自插手管理你的企业。你要想清楚，这样的“天使”对你是否真的弊大于利?

在接受融资时，一定要与投资人多进行几轮沟通。投融资是双向选择，即便你是融资方，也没必要把姿态放得过低，觉得“有钱就拿”便是对企业最大的好处。

6. 对未来有准备和规划

如果说成功是偶然，那么失败则可能是必然。创业若能一次成功当然皆大欢喜，但是失败也算不上意料之外的事。

对初创企业而言，一旦顺利拿到了天使投资人的钱，就要尽力把企业经营好，对企业未来发展有明确的规划，而不是把天使投资机构当成提款机，认为只要有“天使”在背后给自己撑腰，就可以不作为。“天使”不是傻瓜，别到最后愚弄了天使，也欺骗了自己。

别把风投当慈善机构：踏实准备，老实退出

任何风投机构的本质都是利益追逐者，而非慈善家。如果企业在融资和退出时变得盲目，最终的结果很可能是失败。唯有踏踏实实地准备，老老实实地退出，才能安全抵达这趟冒险之旅的终点。

★ 融资前的准备是获得更多资源和支持的条件

虽然企业的自身条件和发展潜力能够帮助你提高融资可能性，但是要想真正地提高融资成功率，还需要在以下几个方面做足准备工作。

1. 融资渠道（风投机构）的选择

企业在选择融资渠道（风投机构）时，要注意以下几个问题，如表 3-20 所示。

表 3-20　企业选择融资渠道（风投机构）时应注意的问题

问题	分析
融资分析	融资是需要成本的，如资本的利息、昂贵的融资费用以及不确定的风险成本。企业在融资之前不要草率地做出融资决策，应该考虑的是："我的企业需要融资吗？""融资后的收益是多少？"总之应该深入分析，确定是否能够利用融来的资金创造利益
融资机会	融资机会是指有利于企业融资的各种因素所构成的融资环境。而企业选择融资机会的过程就是寻求最适合的融资的过程。此时，企业有必要对融资所涉及的各种问题加以综合分析再去选择适合自己的投资机构
融资规模	由于企业融资是需要付出成本的，因此企业在筹集资金的时候首先应该确定融资规模。融资过多，可能会造成成本增高、资金利用率降低的结果，还有可能会增加企业负债率，从而增加经营风险。如果融资过少，又会影响企业的投资计划，容易导致资金后续无力、计划无法实施的情况出现。总之，企业在确定融资规模的时候要量力而行
知己知彼	投融资双方可以通过交谈来仔细了解对方的性格、爱好以及办事方式、知识背景等，做到知己知彼，通过行之有效的沟通来让对方认识到自己企业的价值
坚持原则	企业在谈判时应注意保护自己的根本利益，对原则性问题一定要坚持。如果风投处于控股地位，那么创业者的股权也尽量不要太低。这样一来，按照《公司法》的规定，企业经营者在公司重大问题上也具有否决权，但是在细枝末节的问题上不要过于斤斤计较
提前谈判	企业要把所有的问题都摆在桌面上和投资者谈，并且清清楚楚地用书面形式来表达，一定要在文件准备上做到规范，从而避免双方在日后合作过程中产生纠纷

2. 商业计划书是融资"必修课"

商业计划书是指企业向投资者或其他相关人员全面展示自身目前状况、运作情况、产品市场及竞争风险、未来发展前景、融资要求等内容的文件。

有人将商业计划书视为融资的“敲门砖”。的确，拟订商业计划书如今已经成为企业融资的“必修课”。尤其对寻找投资的初创企业而言，商业计划书好比一张路线图，可指明企业行进的方向，确定行进的终点并指明如何成功地到达目的地。商业计划书的好坏往往决定了投资交易的成败。

一般而言，一份完整的商业计划书包含以下要素，如表 3-21 所示。

表 3-21　打造完整商业计划书的要点

要素	分析
项目摘要	这是投资人最先阅读到的部分，也是在商业计划书写作中最后完成的部分。摘要旨在引起投资人的兴趣，有进一步探究项目的渴望，它浓缩了商业计划书的精华。篇幅通常以 2~3 页为宜，内容重点阐明企业的投资亮点，力求精练，尤其是超出竞争对手的优势，以便投资能在最短的时间内做出判断
企业简介	简单明了地介绍企业的起源，包含创办企业的背景及创业者的构想
项目介绍	包括专业的产品或服务介绍，应该包括产品的概念、性能及特性，产品的成本分析、产品的研究和开发过程、产品的市场竞争力、产品的市场前景、产品的专利等
组织架构	在商业计划书中，应该首先对主要管理人员进行阐述，包括管理层成员的名字、背景和职责。其次可以分别介绍每位管理人员的特殊才能、特点和造诣，并着重描述他们对企业所做的贡献。高素质的管理人员和卓越的组织架构既是有效管理企业的重要保证，也是吸引投资者目光的关键因素
市场分析	首先，市场分析要对需求进行预测。其次，市场分析还要包括对企业所面对的竞争格局的判断：市场中主要的竞争者有哪些？本企业预计的市场占有率是多少？是否存在有利于本企业产品的市场空当？本企业进入市场会引起竞争者怎样的反应，这些反应对企业会有什么影响
战略规划	这部分内容应着力描述为了实现战略目标而在人员团队、渠道、合作、资金、资源各方面的配置。制订的实施计划要与计划书中其他章节保持一致。例如，产品计划与产品服务中的未来研发一致，资金配置与资金使用计划一致，人员配置与人力资源规划一致等
财务计划	财务计划是商业计划书的重要支持和说明，内容一般包括：商业计划书的条件假设、预计的资产负债表、现金收支分析、预计的损益表、资金的来源和使用
风险分析	对投资人而言，风险并不可怕，可怕的是那些对风险盲目乐观或根本无视风险存在的筹资者。企业会面临哪些风险？风险有多大？如何应对这些风险？在计划书中，企业不仅要一一列出这些风险，还要告诉投资者面对这些风险会做出哪些反应

商业计划书尽量不要遗漏上述所有必须具有的信息。

有些初创企业急于融资，匆忙之中只提交了一份很简短、粗略的商业计划书，并承诺如果对方感兴趣，再提供更多的信息。

这种做法通常会导致融资失败，原因有二：

第一，令投资者误认为企业没有更多的信息，只是在拖延时间；

第二，即使有投资者对企业的初步计划感兴趣，但当其花时间去收集其他信息时，他们的兴趣也可能慢慢消失殆尽。

3. 正确退出方式是避免落入陷阱的保障

对风投机构而言，投资的目的就是获益。当收效甚微甚至看不见利益时，投资机构就会想办法及时退出，表 3-22 所列的是几种常见的退出方式。

表 3-22　资本常见退出方式一览

退出方式	分析
买卖	企业在资金运作完毕后，连本付息地将股份赎回，风投因此获得利益，成功退出。除此之外，如果企业经营不善，无力赎回，那么风投会将股份卖掉，获得退出
结算	如果是以借贷的形式融资，那么当贷款到期时，企业应按贷款合同按期足额归还贷款本息。一般而言，风投机构会在短期贷款到期前一个星期、中长期贷款到期前一个月，向借款人发送还本付息通知单。企业在接到还本付息通知单后，应及时筹备资金，主动开出结算凭证，办理还款手续
多种方式	融资方式的不同，退出方式也较多，包括公开募股、出售与回购以及破产清算等手段，企业应具体问题具体分析

那么，对初创企业而言，当资本退出后，还应及时处理好以下问题。

其一，更换合作伙伴的问题。

如今投资机构的最常使用的一种退出方式就是股权转让。这对初创企业，意味着要做好接受一个新的合作伙伴参与公司的经营管理活动的准备。在股权转换之前，投资机构一般会与收购股权的机构进行一系列的交接工作，此时创业者应该从所在行业、主营业务、以往的投资习惯以及管理模式等多方面下手，及时搜集信息，多了解新入驻的投资机构，这样才能更好地展开合作。

其二，资金骤减或资金链断裂的问题。

以股权换现金、以不动产换现金都是投资机构常选择的撤资方式，此时，企业应该提前准备好充足的现金流，以免出现资金链断裂的尴尬局面。

其三，是否有继续融资的渠道。

当前面的投资者撤资或者变现后，企业就要及时联系第二轮投资者进入，这样企业的资金运作才能良性、正常进行，从而尽可能减小因投资者退出带来的负面影响。

密码 8　股权融资：互联网初创企业的橄榄枝诱惑

破局之思——为何要提前布局，抓住股权融资机遇

世界上许多大型企业，乃至于一些顶尖的巨型企业，几乎都通过股权融资来解决资金问题。所以，不论是创业者，还是中小企业经营者都应该重视股权融资，因为股权融资是企业迅速发展的利器。

实际上，在企业创立之初及发展过程中，许多经营者一直在尝试进行股权融资。若干人商定分摊经营成本和收益分配比例组成合伙企业，或者各出一定资产按比例分配权益设立有限责任公司，或者引人风险投资等，均归属于股权融资的范围。

不难预见，我国经济进入“新常态”后，股权融资市场将充满更多机遇。对多数“闹钱荒”的初创企业来说，当务之急便是要提前布局，做好准备，抓住股权融资时代的机遇。

私募，不只是有钱人的游戏

私募股权发源于美国，最初是为富人管理财务而设立的。然而经过 50 多年的发展，如今的私募股权早已不再是专属有钱人的“金丝雀”，而是渐渐成为了仅逊色于银行贷款和IPO的重要融资手段。私募股权基金在进入中国以后，也为中国企业，尤其是为新兴的互联网创业企业的发展提供了广阔的融资空间。

当下中国的电商企业可谓多如牛毛，O2O平台比比皆是，有的电商借助私募资本的东风蓬勃发展起来，但更多的电商则是苦苦支撑或折戟沉沙。这其中一个典型的成功案例就是“三只松鼠”。

三只松鼠于2012年6月正式上线，其当时获得了IDG资本150万美元的A轮融资，并且在上线65天后在天猫商城同类商品的销售中已经位列第一。

2013年7月三只松鼠获得B轮600万美元融资，本次领投方为今日资本，IDG跟投。

2014年，三只松鼠完成了C轮融资，今日资本和IDG资本共向其投资1.2亿元人民币，而三只松鼠在2014年的全年销售额超过了10亿元人民币。

2015年9月16日，峰瑞基金作为投资方又向三只松鼠投资总金额达3亿元人民币，助其完成了第四轮融资，至此，三只松鼠的估值已高达40亿元人民币，成为了中国互联网上估值最高的电商品牌。

在中国的零食电商多如牛毛的情况下，为什么三只松鼠能够突出重围，获得消费者追捧？

这之中，三只松鼠的“萌式营销”法则（三只松鼠的所有员工必须以“鼠”为开头，章燎原自称为“鼠老爹”）固然重要，但更离不开几轮私募股权的投资支持，否则三只松鼠不可能有今日的成就，更不可能有如此惊人的成长速度。

放眼未来10年，可以预见中国资本市场必将迎来新一轮大发展时期，作为连接资本市场与实体经济中最为直接和有效的通道，私募股权基金也势必会迎来更为广阔的发展空间，从而进一步助力互联网创业企业的发展。

私募，与公募相对，英文Private Equity，简称PE。私募股权是指通过非公开方式面向少数机构投资者或个人募集资金，其销售和赎回都是基金管理人通过私下与投资者协商进行，特点是在投资方式上是以私募形式进行，绝少涉及公开市场的操作，通常无须披露交易细节。

私募股权投资资金来源十分广泛，主要包括个人、养老基金、风险基金、战略投资者、杠杆并购基金、保险公司等。

根据创业企业的发展阶段来划分，私募股权投资的类型主要可分为并购资本、成长资本、夹层投资、创业风险投资、Pre-IPO 投资以及上市后私募投资，如表 3-23 所示。

表 3-23　私募股权的基本类型

类型	分析
并购资本	并购资本大比例投资于相对成熟的企业，帮助新股东融资以收购某企业、帮助企业融资以扩大规模或者是帮助企业进行资本重组以改善其运营的灵活性
成长资本	成长资本在中国私募股权投资中占据最大的比例。成长资本投资的主要对象是那些过了初创期的企业，其商业模式已经得到证实且有良好的成长潜力。另外，投资这些企业的风险更可控，回报也更可观
夹层投资	夹层投资是一种兼有债权投资和股权投资双重性质的投资方式，夹层投资的风险和收益低于股权投资，高于优先债权。在公司的财务报表上，夹层投资也处于底层的股权资本和上层的优先债（高级债）之间，因而称为“夹层”。夹层投资会选择企业在两轮融资之间，或上市前的最后冲刺阶段投资，然后在企业进入新的发展期后退出
创业风险投资	创业风险投资在为创业者提供资金支持的同时，还可以为其提供资本运营及企业经营方面的咨询服务，使企业在研发阶段就得以发展和壮大。创业风险投资的风险性极大
Pre-IPO 投资	Pre-IPO 投资主要发生在企业上市前阶段，或是预期企业近期上市的企业规模与盈利已达到可上市水平的企业，其退出方式一般为上市后从公开资本市场上出售股票
上市后私募投资	PIPE，Private Investment in Public Equity 的缩写，其投资目标为已上市公司，并且比较适合那些快速成长为中型企业的上市公司

互联网创业企业要想发展，就需要吸引更多资本加大融资力度，不管是上述哪一种类型的私募方式，都在一定程度上解决了创业企业信息不对称问题，降低交易费用、提高投资效率，使其更好地发挥风险管理优势，

为我国创业企业发展注入了新的活力。

★ “危”与“机”如同硬币的两面，了解好处的同时更要看清风险

“危”与“机”就像一枚硬币的两面，就如同凡事有利好就可能伴随着风险。

私募股权投资虽然能够给予企业资金上的支持以及相关的辅导，但也会对企业提出各种苛刻的要求。因此，就企业而言，选择私募股权投资也存在一定风险，具体分析见表 3-24。

表 3-24　私募股权可能存在的风险性分析

风险	分析
损失控制权	融资方和投资方一旦签订对赌协议[8]，如果没有达到投资人的要求或没有按时公开发行上市进入证券市场，企业必须要按时从投资人手中回购股权或赔偿股权，即降低当时的股权价格。有些企业通过对赌协议，获得了飞跃式的发展，如蒙牛乳业；而有的企业则一败涂地，就此消失
资产流失	从宏观层面来看，私募股权在评估初创企业价值时往往低估其价值，以此获得超高的收益。许多创业者对私募操作的流程和评估方法了解不足，而基本所有的私募股权投资人都擅长谈判，且熟悉并购的详细流程以及各种评估企业方法，他们当然会不遗余力地使出自己的低估手段，就像运动场上的业余选手对战职业选手一样，创业者很难获胜
资金链断裂	私募股权投资通常采取渐进投资的方式，而不会一次性注入所有的资金。出于对投入资金安全性的考虑，投资人在投入部分资金以后，会通过观察企业的发展状况来决定是否还要追加投资。就企业而言，私募股权融资存在两种截然相反的结局，一种是达成融资目标，企业一飞冲天；另一种是欲速则不达，弄巧成拙，导致资金链断裂

私募股权固然存在一定风险，但当互联网创业企业身处资金缺乏的窘境之时，冒上一次险也是一种勇敢的尝试。只是，对可预知的风险，要积极寻求对策，努力将风险控制到最低。

1. 合理评估

互联网初创企业在估值上一定要遵循合理、专业的方式，最大程度保

[8] 对赌协议：对赌协议就是收购方（包括投资方）与出让方（包括融资方）在达成并购（或者融资）协议时，对于未来不确定的情况进行一种约定。

护企业的资产。因此，企业在评估自身价值的时候，除了根据具体的实际情况选择合适的方法之外，也要考虑各方面主客观的因素，以确定一个合理的价格，防止被投资方廉价出售。

2. 法律手段

面对中国私募股权投资市场迅猛发展而又尚未完全成熟的情况，针对私募股权投资存在的风险，企业要懂得积极通过相关法律去规避。

合伙才能抱团取暖打天下

创业路上的艰辛往往超乎我们的想象，有时一个人撑不下去的时候，背靠背取暖，抱团才能打天下。在股权融资中，与人合作就是一种有效的抱团取暖的方式。

合伙，就是与志同道合的一行人一起做事。而股权合伙，就是指企业赚的每一分钱，合伙人之间都要按照事先约定好的股权比例进行合理分配。

当然，你选择的这些合伙人，在创业过程中，必须能各自独当一面，从而实现包括资金、渠道、研发、运营等优势，一起去融更多的钱。

★ 科学设计股权方案，使企业的股权架构趋于合理

如何奖励创业合伙人，在过去似乎总是一个比较敏感的问题。现在因为有了契约以及合理的股权设计方案，在这个基础上企业就可以在发展的各个阶段设计好股权比例的分配，轻松解决类似问题，进而确保公司持续稳定运营。

但在现实中，许多互联网初创企业由于缺乏常识和远见，没有科学的股权设计方案，造成企业内部的股权分配成为一笔混乱不堪的“糊涂账”，最终导致昔日的创业伙伴纷纷反目，企业遭受重创甚至分崩离析。

要设计科学合理的合伙人股权分配比例，可以参考以下 4 个因素。

1. 企业 CEO

一家企业的 CEO 获得相对较多的股权是理所当然的。因为，CEO 往往代表着一个合伙事业的灵魂，为企业担当着更多的责任。同时，只有

CEO 持有相对多数的股权，才更利于企业战略决策地执行。

2. 优势评估

每位合伙人的优势都需要进行综合性评估。例如，某创业项目能够得以启动依赖的是某位合伙人的专利、创意或导入项目所需资源等，而并非是因为大量的资金。可见，依照具体情况，给予决定性资源提供者相对多的股权更为合理。

3. 出资比例

如果在合伙人都同意按比例出资且各方资源基本相当的情况下，则可以直接按出资比例来对股权进行分配。若是只有部分合伙人实际出资，则他们应取得比未出资合伙人相对多的股权。

4. 股权梯次

将股权进行梯次比例进行分配最为可取，而均等的股权比例最不可行。如果仅以三个合伙人为例，最科学合理的比例结构应为 5:3:2。

★ 能一起打天下就要一起分天下

合伙人之间最接近于婚姻的关系绑定。从合伙人加入团队以后，创业过程中的大事小情都要彼此商量着来，在一些重大事件的决策上更是如此，甚至许多计划都需要合伙人同意和配合之后才能运作。但是，有人愿意与你共赴事业、一起打天下，你就要做好能与他们分天下的准备。

“双创”新经济与“互联网 +”时代的到来，导致“分天下”在新的股权时代也被重新定义。

2015 年 5 月 21 日，红极一时的自媒体“罗辑思维”中的黄金组合罗振宇与合伙人申音正式宣布解散。

这个曾经叱咤互联网浪潮的自媒体，出现这种状况确实令人唏嘘不已。

曾经的央视主持人罗振宇，当时是被独立新媒体创始人申音拉出来一起创业的。但是，创业经营初期谁都没有想到“罗辑思维”会运作得这么好。

“罗辑思维”的视频在优酷平台上的总播放量已累计达 7050 多万，微信公众号的订阅数也高达110多万。其通过两次会员招募，吸收了近3万会员且收入了近千万元的会费，并且“罗辑思维”还曾被人评估具备1亿美元的价值。这样璀璨夺目的自媒体为何最后会落得合伙人解散的下场？

在外界人士看来，“罗辑思维”的主讲人罗振宇理所当然应是项目中占比最大的“股东”，但从后面公开的数据结果来看，罗振宇其实只占有17.65%的股权，而合伙人申音的股权则占了82%。众所周知，“罗辑思维”发展项目的核心人物渐渐变成了罗振宇，但他却只拥有百分之十几的股份，显然这就是解散的导火索之一。

现实中，不少互联网创业企业在资金拉来了，项目也已启动的时候，却总是由于各种各样的原因导致一些合伙人不得不选择退出。“罗辑思维”这一案例不仅真实地反映了创业团队合伙人之间最初的股权设计如果欠缺考虑、不够合理所潜藏的巨大危机，还说明了其中的退出机制不明确。毕竟，如果当初建立合理的退出机制，完全不需要散伙，通过对股权结构进行调整或是引入风险投资来稀释大股东股份的方式，就可以化解那些看似不可调和的危机。

除了合伙人之间事前进行有效沟通以及做出必要的约定，要构建合理的退出机制还需要注意以下两个关键的细节问题。

1. 中途退出：先退出的人可以不退股权吗

现实中不乏一些公司主创团队中的合伙人中途选择退出，却不退股权，坐吃红利。为了提前规避这类风险，在团队组建最初的协议中就要约定好，离职不退股权需支付高额的违约金；对于退出的合伙人持有的股份，则需要进行回购。

2. 退出股权：退出后应以怎样的价格回购

对于退出的合伙人的股权回购只能按照事先做好的约定来进行，可以按照这位合伙人分得或掏钱买股权时公司的估值，予以一定溢价来回购其手里的股权，或是按照公司最近一轮融资估值的一定折扣价来回购。

股权众筹：借“双创”东风开辟新融资渠道

在“双创”经济的东风下，中国掀起了“大众创业、万众创新”的浪潮。与此同时，一种新型的互联网金融融资模式——股权众筹无疑为互联网初创企业提供了崭新的融资渠道，也为这些企业今后的发展壮大注入了强劲的能量。

以专业的角度来看，众筹是互联网金融的一个分支，而股权众筹是众筹模式之中的一种。所谓的股权众筹，是指公司面向普通投资者出让一定比例的股份，而投资者通过出资入股公司，获得未来收益，另一种解释就是“股权众筹是私募股权互联网化”。股权众筹也是当下应用最广泛的众筹方式之一。

股权众筹给创业企业带来的优势相对明显：投资灵活、交易便捷、融资成本低、引入新资源、拓宽融资渠道、释放资本参与热情、投资风险相对低等。

演员贾乃亮在常人眼里的定位也许是个一线男星或“国民奶爸”，但其实他还有另一层身份——一个独具慧眼的“生意人”。2015 年 8 月，贾乃亮与张力等众股东联合创立了中国首个娱乐资源综合交易平台“推特文化”。

2016 年 5 月 18 日，推特文化在不到 2 分钟的时间里，于京东私募股权融资平台“东家”上完成了 1000 万元融资目标，这也刷新了该平台的股权众筹纪录。

是成资本[9]作为本次股权众筹的领投方，领投金额为 500 万元，并且，是成资本还是推特文化所属的星推网络的领投方，其领投金额为 800 万元。

事实上，股权众筹确实是让“大众创业、万众创新”能够落地的一条

[9] 是成资本：Success Creat Capital，成立于 2015 年初，由维西资本合伙人杨成及国内著名机构同伴共同发起成立，基金专注于新三板企业股权投资。

重要途径。在当前的中国，其正作为一种新颖的互联网融资模式，快速成长。

★ 捕捉股权众筹的“痛点”才可能更痛快地融到钱

天上不会掉下馅饼，在你满怀热切希望奔向股权众筹平台之前，需要清醒地认知到，股权众筹并不会让谁轻易就能够“逆袭”成功。不做好万全的准备，无法戳中股权众筹的“痛点”，你很可能会败兴而归或是事倍功半。

1. 你想“筹”什么

发起股权众筹的目的至关重要，如果只是单纯为了资金，股权众筹平台恐怕会让你大失所望。但全国甚至全球资本与全平台创业资源的对接，以及股权众筹平台“服务到底”的互联网思维必定会给予互联网初创企业更好、更广阔的发展空间，树立更长远的发展目标。

2. 谁来帮你众筹

很多情况下，股权众筹只能够达到鲜花着锦的程度，而往往不能雪中送炭。当然，如果你想尝试一下这种新兴的互联网融资模式，看看自己能否一夜成名，就去考虑选择哪个股权众筹平台吧。例如，目前国内比较知名的京东众筹、淘宝众筹、天使汇、36 氪等。

3. 用什么去众筹

如果想要成功众筹，你至少需要做到：

- 全情投入地讲一个好故事，引发资本方的情感共鸣；
- 灵活、精准地运用图文和视频等媒体形式，多角度展示你的产品和团队，让资本方对你萌生信任感；
- 综合运用微博、微信等自媒体渠道进行传播，侧重去传播趣味故事和正确价值观，而非沦为瞎吆喝。

当然，以上所述的内容都只可作为参考手段，股权众筹最终能否成功，还要看你的企业是否靠谱、是否合资本方的胃口。

虽然股权众筹目前发展迅速、势头高涨，甚至政府也针对这种融资模式多次发布相关的扶持政策，大力鼓励此行业发展。但当前股权众筹行业仍然处于“摸着石头过河”的阶段，在一片看似狂欢的局面之下仍暗藏诸多问题需要互联网初创企业全面认真思索。

股权激励：比钱更值钱的是留住核心人才

股权激励是一种企业为了激励和留住核心人才而推行的长期激励机制，其最早起源于20世纪五六十年代的美国。

福特汽车公司由亨利·福特一世创办，在其去世之后，他的孙子亨利·福特二世继承了这家企业。

但是，没人能保证亨利·福特二世有他爷爷一样的才能和领导力。况且，亨利·福特一世辛苦经营起来的福特汽车公司当时的状况是人员庞杂、效率低下、甚至几乎濒临破产。就在这个时期，出现了一批后来被称之为“蓝血十杰”的人，这些杰出的人物都是从军方退役的军人，他们加盟福特汽车成为职业经理人之后，将数字管理技术引入了现代企业，从而拯救了衰退的福特事业，最终确保了福特汽车公司的稳健发展。

因此，福特家族为了激励这十个人，将福特汽车公司的一部分股权分别奖励给了这些为企业发展做出重大贡献的人。

美国企业对“股权激励”的推崇甚至持续到了今天，基本7000家美国的上市公司中有90%以上都推行了股权激励机制，而美国高科技产业的公司几乎达到了100%具备股权激励机制。

在中国，上市企业做股权激励的还不多见。但以未来的发展趋势看，随着人力资源越发重要，做股权激励的企业在比例上必定会逐渐提高。

★ 钱是人来赚取和融到的，没有股权激励就难以留住为你“吸金”的人才

2015年，在创业板的十大高管市值排行榜（这些高管并非企业创始人，只是管理者）中，排名第十的高管，身价就已高达6.8亿元，而排名第一的高管身价更是达到了13亿元。企业一旦上市，高管的人力资本也会随之转

化为相应的市值，身价自然可以上亿元。

但是，就算一家企业财力再雄厚，动辄为那些高管发几个亿的工资也是不现实的，而企业的一部分市值达到几个亿却不难实现。只有懂得如何将企业市值与管理者的辛勤付出做出平衡，才能够真正吸引和留住核心人才。

有的企业一方面希望招揽或留住杰出的核心人才，又不给出相应的筹码，怎么可能成功。尤其是既缺钱又缺人的初创企业，就更要通过股权激励的方式留住人才，再由这些人才去“吸金”。

阿里巴巴上市[10]，在其所有的2万名员工之中，有多达1万多名员工成为了企业股东。这些股东们随着阿里巴巴的上市，几乎在一夜之间都坐拥千万元以上的身家。

即便是马云也不可能给数量庞大的员工发如此多的钱。

但这些员工的千万身家不是现金而是“市值”，这其实就是马云对员工所做的股权激励的成功之处。

无论是马云的阿里巴巴，还是任正非的华为，实际上都创造了一套成熟的股权激励机制，通过实现核心人才持股，将其长期留在企业，同舟共济，为企业的未来而持续奋斗。

虽然老话说“铁打的营盘流水的兵”，但一家企业人员特别是核心成员更迭若是过于频繁，只会降低投资人的信心。唯有优秀而稳定的管理团队才能打造长青的基业，而这样的团队在IPO估值时也占有极大的权重。

通俗来讲，股权激励其实就是“散财聚人心”，一味地空谈未来和愿景，或是热血上头、一时冲动地散财都不可取，因为股权激励是一种具有目的和计划的行为。

即便股权激励对企业来说是件大好事，却也容易好事办成坏事。为了

[10] 阿里巴巴上市：阿里巴巴于美国时间2015年9月19日在纽交所正式进行IPO。股票交易代码为“BABA”。

防止这种情况发生，企业在建立股权激励机制时应遵循以下原则。

1. 激励要公平

一旦开始实施股权激励机制，就需要分配和落实股权，如果是几个人，那么每个人究竟分多少股权合适？这是一个需要慎重考虑的问题。否则，分配不公反倒容易造成人才流失。如一位员工做得更好却没有不如他的人得到的奖励多，如果没有一个合理的原因，员工与企业或是其他员工之间迟早会出现矛盾，这甚至会影响到企业的整体氛围。

2. 方案竞争性

对于能达到你要求的人才，即使你付出双倍的工资也心甘情愿，因为他可以为你创造更多的价值。但股权激励并非如此简单，如你的股权激励方案可以有一些竞争性。如果你的方案做得好，甚至相当于在业内树起了一面鲜明的旗帜，吸引行业内的顶尖人才纷至沓来。

3. 稳定控制权

在设计股权结构方面，马云在产业和战略上堪称大师，但在阿里巴巴发展初期对于资本市场仍是空白，直到蔡崇信的加入，阿里才有了飞跃性的发展。

因此，初创企业在设计股权结构时，更需要慎重考虑，例如，正确的自我评估。如果自己没有这个能力，可以找到有能力的人来承担相应责任。只有确保企业控制权的稳定性，才能带领企业一路向前。控制权一旦出现裂痕，即便完成了股权的分割也可能为企业日后发展埋下隐患。

4. 以结果为导向

股权激励须以结果为导向，绝不是简单的福利计划。并且，在激励员工的同时也要为他们设定适当的业绩考核指标，在“企业战略—股权激励—业绩考核”这一链条中，最终以股权激励机制带动企业战略以及员工行动完成落地，从而最大化实现企业价值。

密码 9 上市融资：把握趋势的力量，带着一路收获的财富征战资本市场

破局之思——为何企业在适当的时期要准备尽早上市

每个企业的发展都有自己的轨迹，别人的路径未必值得效仿。但不可否认，企业和资本从来都不是分割的圈子，如果二者能以一种科学合理的交易方式实现共赢，那么双方的资本力量都会成倍增长。

尤其对互联网企业而言，关键原因有3点。

第一，一旦联合资本机构达成利益上的共识，那么在短时间内，融到更多的资金就不再是奢侈的梦。

第二，当企业融到一定资金，发展到一定阶段，选择上市不仅会提升企业筹集资金的能力，也有利于未来的竞争。资本越多，就越有话语权。

第三，近几年，我国的互联网市场竞争愈演愈烈，入股、上市的审核也愈来愈严苛。如果企业发展已趋于成熟，并决心进入资本市场，最好要趁早，以免在日后更加残酷的竞争中过早牺牲。

上市之路：从初创企业到资本英雄

关于上市，马云有这样一番见解："对阿里巴巴集团来讲，今天只是新的开始，我们要走的路还很远很长。上市是个加油站，上市的目的是为了加油后能够走得更远。"足见，马云对上市的理解，冷静客观，并目光长远。

很多人误以为缺钱时企业才不得不选择上市，其实不然，当企业发展到一定阶段，有了上市的资本和条件后就可以选择上市，这样做会给企业带来极大的好处，如表 3-25 所示。

表 3-25　企业上市的好处概览

好处	分析
引来资金	为企业带来更多发展资金
带来成就	突显企业成就，令企业未来获得持续发展
更多机会	为企业股东套现提供了更多机会，也令风险资本的退出更有保障
更加规范	企业随着上市，逐渐变成受社会关注的公众企业，在企业治理方面会更加规范
创造财富	企业价值通过市场来确定，上市为企业和股东创造更多财富
降低成本	上市意味着获得了直接融资渠道，降低了融资成本
调动积极性	企业上市后通常会给一部分员工股份，员工有了股份工作更积极
增加知名度	上市可以增强公司知名度，使公司形象大为改善，同时增加竞争力
增加信用度	上市公司的信用度较高，这样可以增加资本对企业的信任
降低控股权	上市可以降低控股权比例，使原股东向其他投资者转移企业的运营风险

企业上市，英文 Initial Public Offerings，简称 IPO，即首次公开募股，指的是通过证券交易所首次公开向投资者增发股票，以期募集用于企业发展资金的过程。

目前，在我国的资本市场交易环境下，上市主要分为在我国境内、境外上市及新三板[11]上市。

★ 要有上市的决心和准备，你也可以成为“资本英雄”

在现实中，许多企业由于既拿不到贷款，也筹不到资金，还要在激烈的市场上竞争，最终黯然陨落。

这种情况下，你一定不希望企业在自己辛苦经营起来、发展得如火如荼之时就壮烈牺牲，那么此时你就要尝试改变原有的发展机制，而这也是延续企业生命最有效的方法。

[11] 新三板：一板市场通常是指主板市场（含中小板），二板市场则是指创业板市场。相对于一板市场和二板市场而言，有业界人士将场外市场称为三板市场。三板市场的发展包括老三板市场（以下简称“老三板”）和新三板市场（以下简称“新三板”）两个阶段。老三板即 2001 年 7 月 16 日成立的“代办股份转让系统”；新三板则是在老三板的基础上产生的“中关村科技园区非上市股份公司进入代办转让系统”。

在大众印象中，上市似乎是草根出身的互联网初创企业无法企及的白日梦。其实，只要企业符合上市的条件，无论企业规模大小，都有上市的机会。

通过上市，企业可以在以下几个方面获益良多。

1. 筹集资金

企业通过发行股票得到的资金是不必在一定期限内偿还的。这些资金能够允许企业借贷利息较低的贷款，立即改善企业的资本结构。

2. 实现并购

股票市场上，企业的价值由股票的市场价格来决定，能避免很多麻烦。上市企业通常通过收购股票并购其他企业，也可以用股票做抵押进行融资。

3. 激励员工

由于股票市场能够独立地确定股票价格从而保证了员工利益的兑现，因此，上市企业股票对于员工有更大的吸引力，上市往往会使员工对企业有一种主人翁的责任感。

4. 创造神话

当年黄光裕能够成为中国首富，李彦宏和刘强东能够登陆中国富豪榜，都是因为上市企业。对资本而言，上市就是企业是最大的财富制造机器。

选择适合企业的上市形式和地点

上市如同打造一家互联网企业一样，往往没有想象中那么简单，需要企业从一开始就要做好上市融资计划，首先要选择适合企业的上市形式和上市地点。

★ 选对形式和地点，上市就不会成为一场“噩梦”

上市融资是企业发展的生命线，贯穿于整个发展生命轨迹中。

企业要上市，就要选择适合的上市模式，根据实际情况，做出合理选择，如表 3-26 所示。

1. 上市形式的选择

表 3-26　选择适合企业的上市形式

形式	分析
分立上市	分立上市是一分为二的上市模式，对上市公司资产和负债进行分割，将一家原上市公司分立形成两家公司并分别独立上市
借壳上市	和买壳上市大同小异，即通过并购已有上市公司、资产置换等方式取得已上市公司的控股权，然后以上市公司增发股票的方式进行融资，从而实现上市的目的
分拆上市	股份公司的股东会把大型企业分拆为股份公司 A 和母公司 B，把优质的资产放在 A 公司，而将劣质资产放在 B 公司，这就是分拆上市
整体上市	成功上市后，A 公司再收购 B 公司，则是整体上市。整体上市适用于正在改制的央企、国企。通过整体上市，可以理顺集团公司与子公司之间较为复杂的股权关系，改善集团内部治理结构，减少关联交易，降低信息披露成本，上市后可以充分利用资本市场实现融资的目的

对发展到一定阶段的初创企业而言，无论上述哪一种上市形式，并无好坏高下之分，只有适不适合的差别。上市热潮在升温，但上市企业不可头脑发昏，盲目选择上市板块。

互联网行业变幻莫测、迭代迅速，即使是符合上市条件的企业，也不能一蹴而就在短时间全部上市，还需要根据市场的承受能力进行安排。

2. 上市地区的选择

不同地区的资本市场，其上市条件各有不同，如表 3-27 所示，企业可根据自身条件进行选择。

表 3-27　不同地区的上市条件一览

上市条件	地区		
	新加坡	美国	中国香港
监管力度	强	极强	强
品牌号召力	较强	较强	强
变现能力	强	很强	强
股价空间	一般	大	一般
欢迎程度	较好	较好	好
上市要求	较为严格	相对宽松	要求严格

总之，企业应该在认清自我的真实需求后，应综合评估上市时间、上市风险、上市条件、上市股票定价风险、上市监管、融资额等问题，在全面权衡之后再选择适合的上市地区也不迟。

撬开命运之门：境内上市 VS 境外上市

冲动是魔鬼。

上市也需要付出高成本，不是单纯拿出一笔钱和得到一笔更多的钱这样简单。上市真正的动机是——将企业做大做强。

★ 境内上市 VS 境外上市，选一条撬动命运之门的路

根据目前的国家政策，我国企业上市的方式主要分为境内上市和境外上市两种。至于选择哪一种则要根据企业自身的情况而定。

我国企业在境内上市通常要经历以下 5 个阶段，如图 3-20 所示。

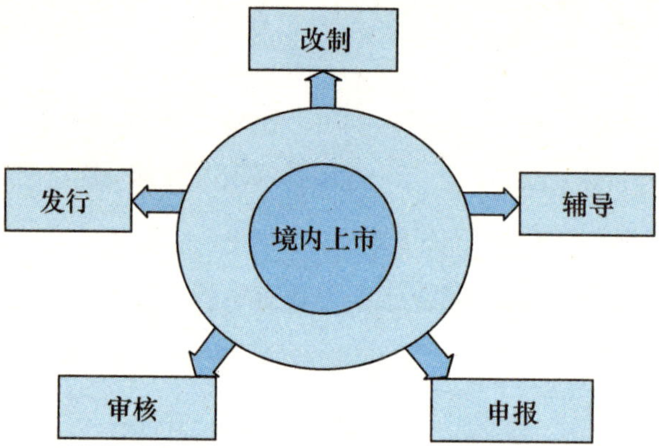

图 3-20　境内上市的 5 个阶段

1. 改制

首先企业要确定券商，在券商的协助下尽早选定其他中介机构，如证券公司、会计师事务所、土地评估机构、资产评估机构、律师事务所等有关机构，开展相应的工作。

2. 辅导

企业辅导期限通常一年，辅导内容主要包括建立健全组织机构，并实

现规范运作；对公司高层进行相关法律法规的培训；依照股份公司会计制度建立健全公司财务会计制度等。

3. 申报

企业应根据当前的法律法规政策，准备好相应的上市材料，做好申报工作。

4. 审核

审核费为人民币 3 万元。由证监会负责受理，对发行人申请文件的合规性进行初审，在 30 日内将初审意见函告发行人及其主承销商。

发行审核委员会审核，由证监会进一步审核，并在受理申请文件后 60 日内，将初审报告和申请文件提交发行审核委员会审核。

5. 发行

经发行审核委员会核准通过后，取得中国证监会同意发行的批文。之后便是刊登招股说明书，通过媒体巡回进行路演，按照发行方案发行股票、刊登上市公告，在交易所挂牌上市。

目前，在我国境内上市主要有三大路径：主板、新三板和创业板，具体上市指标和硬性规定见表 3-28。

表 3-28　我国境内上市的路径及要求一览

要求	主板、中小板	新三板（全国股份转让系统）	创业板	
			要求一	要求二
净利润	净利润最近 3 年为正，且累计超过 3000 万元；最近一期不存在未弥补亏损	无硬性财务指标要求	最近两年连续盈利，最近两年净利润累计不少于 1000 万元，且持续增长	最近一年盈利，且净利润不少于 500 万元
营业收入 / 现金流	最近 3 年营业收入累计超过 3 亿元，或最近 3 年经营现金流量净额累计超过 5000 万元	无硬性财务指标要求，主营业务明确	无硬性财务指标要求	最近一年营业收入不少于 5000 万元，最近两年营业收入增长率不低于 30%

（续表）

要求	主板、中小板	新三板（全国股份转让系统）	创业板	
			要求一	要求二
股本要求	发行后总股本不低于5000万股	挂牌前股本不低于500万股	发行后总股本不低于3000万股	
资产要求	最近一期末无形资产（扣除土地使用权、水面养殖权和采矿权等后）占净资产比例不高于20%	无硬性财务指标要求，具有两年持续经营记录	最近一期末净资产不少于2000万元	

其次是境外上市，中国许多互联网企业在境外上市。

境外上市有直接上市、间接上市、境外买壳上市、国内A股上市公司境外分拆上市、借壳上市等方式。

中国企业要在境外上市主要有以下步骤，如图3-21所示。

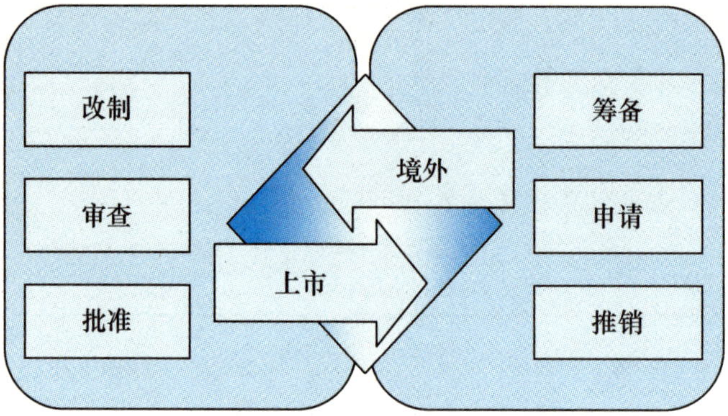

图3-21　境外上市的主要步骤

1. 改制

即把企业改造为合乎公司法规定的股份制公司。

2. 筹备

由董事长领头，组成上市筹备团队，包括公司高管及证券商、会计师、资产评估师、金融界人士、公关宣传专家等专业人士。

3. 审查

由会计师审查公司账目，全面调查企业情况。

4. 申请

这些准备工作做好后，需要写招股说明书，向中国证监会提出海外上市申请。

5. 批准

向海外证券管理机构申请批准上市，同时与券商签定承销协议。

6. 推销

向基金管理公司、保险公司等机构推销股票。

总之，企业在决定国内上市或境外上市时，应根据自身融资的迫切程度和真实需求来决定，而不是随意跟风、盲目决定！

上市前后修炼：创造长期价值，驱动企业一路远行

既然选择了进入资本市场，就要尽量延长企业的生命周期，创造长期价值，让企业越走越远。

企业上市前后的工作是一项专业且复杂的系统工程，尤其对于没有上市经验的创业企业而言，更需要小心翼翼、潜心修炼。

★ 既然选择了上市，就要潜心修炼做好前后期工作

企业上市前的“修炼”主要包括以下方面的准备，如图 3-22 所示。

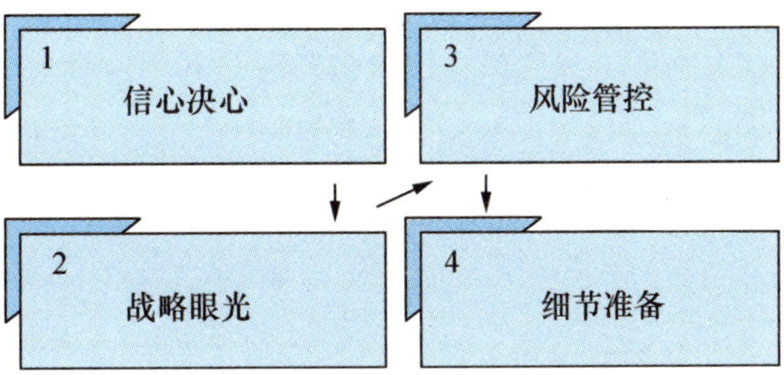

图 3-22 企业上市前的“修炼”

1. 信心决心

创业者坚定不移的上市决心以及充分的上市信心和决心，是企业上市得以顺利进行的根本保障。

2. 战略眼光

创业者必须对企业自身地成长与发展有一个清晰的目标与规划，认真地分析企业现有的、各方面的资源和条件，多方考量后，把握上市最佳时机。

3. 风险管控

并非每一家企业都能够顺利地通过审批、如期上市，因此，企业必须做好上市不成功的心理准备，并对上市过程中面临的风险具备一定的承受能力。

4. 细节准备

上市工作纷繁复杂，其涉及面广泛、工作量巨大、周期较长，通常需要持续 2 ～ 3 年不间断的工作，并且必须组建专门的组织机构，做好相关的制度建设准备、财务审核准备及业绩准备等。

很多初创企业即便现在还没有上市资格，大多也是奔着上市的目标去的，但他们都忽略了一个重要的问题：上市以后应该做些什么？答案是以下三点。

1. 战略管理

一家企业的战略管理能力，深切关系到对企业未来的提前预判。

一些企业上市后，在战略管理方面会存在缺乏科学有效的分析、对自身能力预计不足等问题，导致在环境的快速变化下无法做出有效的战略对策，最终导致企业战略随意变化，甚至实质上成为空谈。

2. 价值观念

许多企业在上市后，其价值观仅仅停留在口号上，看似华丽，但对企业发展无任何实际指导意义，甚至与企业价值观相悖。为此，树立正确的价值观也是企业在上市后应该做好的事。

3. 组织创新

上市后，资本市场给企业带来的自然增值总会有停滞的时候，此时，很多企业容易暴露出对中高级管理人才的开发、培养严重不足，以及对人才开发机制的设置不完备等问题，制约企业长期创新发展。为此，只有不断进行组织创新，才能确保企业持续成长。

后记

在最好和最坏的创业时代开出花来

政府大力倡导“大众创业，万众创新”的今天，正是创业的黄金时代。

马云那句著名的“梦想还是要有的，万一实现了呢”牵动了无数有梦之人的心。

随着“互联网 +”的深入落地发展，许多业内人士认为我国正式迎来新的创业浪潮，并且这次浪潮将迎来中国近十年来最好的创业环境。

但事物具有两面性，有好就有坏，二者是对立且相互影响的。所以也有不少人觉得现在也许是最坏的时代。最重要的原因是很多初创企业跟不上时代潮流，将被这股新的浪潮淹没和吞噬。不仅如此，如今的市场竞争更加激烈，似乎也没有太多规律可循，没有成功的模式可复制，发展形势可谓“大鱼吃小鱼，小鱼吃虾米，虾米吃淤泥”。时代带给了互联网初创企业实现自我的机会，但缺乏创新的融资之路将异常艰难。而似乎种种不利现状的矛头都指向了创业者。

李开复[1]在其新书《向死而生》中详细剖析了导致创业失败的10种原因。

1. 市场需求不足

40%的失败创业公司都出现过这个问题。创始人执着于实现自己的创意，却没有弄清楚创意是否符合市场需求。一个医疗APP的创始人这样描述：“我意识到实际上我们没有客户，因为没有人对我们开发的产品感兴趣。

[1] 李开复：2009年9月从谷歌离职后创办创新工场，并任董事长兼首席执行官。2013年9月，李开复对外宣布罹患淋巴癌。2015年2月13日，据创新工场联合创始人王肇辉的朋友圈状态显示，李开复在患病离开北京17个月后回到了创新工场的北京办公室，与员工进行交流。

医生需要更多的病人，而不是一个效率更高的办公室。”

2. 心态浮躁，甚至只是为了钱而创业

这样的创业公司缺乏信念、耐心，经受不住诱惑和寂寞，甚至急于卖掉自己的公司以套现。以赚钱为唯一目标的创业者很难在创业中胜出。

3. 团队缺乏信任和能力的互补

创业团队如果由 2 ～ 3 个彼此信任、有默契、价值观相同且能力互补的创始人构成，则可以在创业之路上彼此扶持，提高创业的成功率。需要提醒的是，为避免未来发生矛盾，创始人之间需要尽可能熟悉彼此的价值观和能力特长，并且在创业之初就谈好利益分配。

4. 不了解国家的有关规定

国家有规定，许多行业是不能由私营业主经营的。也有一些行业原先允许经营，但因政策改变而受影响，甚至会无限期对某个行业进行停业整顿等，这些都要提前了解清楚。

5. 产品淘汰率太快速

针对年轻人的流行产品一般都是寿命很短的，创业者一定要摸清这个规律，当某个流行产品大行其道的时候，你再去投资，想分一杯羹时就要特别小心，可能当你的新产品上市之时，也就是该产品不再流行之时。

6. 忽视法律风险

一般来说，创业团队最主要的法律风险是公司缺乏相应的规章制度，如签订合同的流程是什么、不同级别的员工的签字权是什么，等等。而大企业因为有自己的法律顾问，一般都有非常严格的规章制度，然而聘请法律顾问，一年 2 万～ 10 万元的支出并不是创业公司能承受的。这时可以选择类似商法通 blb.com.cn 这样的中小微企业在线法律服务平台，按需购买法律服务，律师审核代写合同才 288 元一份，规避法律风险和省钱一举两得。

7. 管理者知人而不自知

看别人的缺点总是头头是道，却不能认清自己，总是被一些过去的成

功冲昏头脑，不能清楚地知道企业接下来该做什么、坚持什么、改变什么、怎么创新和固守，导致企业的长久生存都有问题。

8. 习惯性信用缺失

很多企业败在了信用上，俗话说诚信为本，在商场，信用是非常重要的，切不可因利益而放弃了诚信。

9. 内耗

不管企业大或小，都不可挑起内部员工内斗，不然最后损失的一定是企业，丧失企业的效率和凝聚力。所以企业关系一定要和谐，可竞争但不可斗争。

10. 资金链断裂

许多人在创业之初并没有考虑到流动资金的重要性，所以在没有足够的流动资金的前提下就贸然创业。殊不知，很多人在创业后经营不是很顺利，需要坚守一段时日时，就因为没有充足的流动资金而不得不提前关门。如果创业者在创业时没有充足的流动资金以维持半年以上的运作，最好不要轻易去创业。

对初创企业的创业者而言，这是最好的时代，也是最坏的时代。

之所以说是最坏的时代，是因为如今的互联网行业，不再只凭一个新鲜的创意就可以加入战局。随着市场日趋饱和，如何在纷繁复杂的融资环境中吸引投资人的目光、让更多好项目在创业初期活下来、如何应对巨头的竞争、如何继续生长等都是需要初创企业解决的难题。

之所以说现在也是最好的时代，是因为今天的时代越来越接近人性，这也是人类永恒的追求。周而复始，循环往复，以至无穷。

初创企业若能随着时代的东风顺势而为，就有可能一举打破旧制，轻松融资，在互联网领域获得新的话语权，引领新的发展周期。正如张瑞敏[2]

[2] 张瑞敏：山东莱州人，全球著名企业家，创建了全球白电第一品牌海尔，现任海尔集团董事局主席、首席执行官。

所言，“只有时代的企业，没有成功的企业。”

“互联网 +”时代来了，或许我们能做的就是改变自己，拥抱时代，用自己的智慧与勇气播下创业的种子，在这个最好和最坏的时代努力开出花来，让后来者闻见一阵芬芳！